Corrie ten Boom

Mit Gott durch dick und dünn

SCM
Hänssler

SCM

Stiftung Christliche Medien

SCM Hänssler ist ein Imprint der SCM Verlagsgruppe, die zur Stiftung Christliche Medien gehört, einer gemeinnützigen Stiftung, die sich für die Förderung und Verbreitung christlicher Bücher, Zeitschriften, Filme und Musik einsetzt.

MIX
Papier | Fördert gute Waldnutzung
FSC® C014496

2. Auflage (36. Gesamtauflage)

Der Titel erschien zuletzt unter der ISBN 978-3-7751-5940-1

SCM Hänssler in der SCM Verlagsgruppe GmbH
Max-Eyth-Straße 41 · 71088 Holzgerlingen

Umschlaggestaltung: Stephan Schulze, Stuttgart
Satz: typoscript GmbH, Walddorfhäslach
Druck und Bindung: GGP Media GmbH
Gedruckt in Deutschland
ISBN 978-3-7751-6117-6
Bestell-Nr. 396.117

Inhalt

Die Schule des Lebens

Anstelle eines Vorworts

Die Schule des Lebens bietet einige schwierige Kurse an, aber gerade in diesen Kursen lernt man am meisten – besonders dann, wenn Jesus selbst der Lehrer ist.

Am schwersten war es für mich, als ich Einzelunterricht hatte. Mein Klassenzimmer war damals sechs Schritte lang, zwei Schritte breit und hatte eine Tür, die nur von außen zu öffnen war. Nachher waren es vier elektrisch geladene Stacheldrahtzäune und ein Tor, das Männer mit Maschinenpistolen bewachten. Dann wurde die weite Welt mein Klassenzimmer. Ich bin mehrmals um die Erde gereist und habe in mehr als 60 Ländern und in allen fünf Kontinenten gearbeitet. Während dieser 30 Jahre lernte ich die verschiedensten Flughäfen kennen, Busstationen und Passämter. Und unter mir waren Räder: Autoräder, Zugräder, die Räder von Rikschas und Pferdewagen, die Fahrgestelle von Flugzeugen. Räder, Räder, Räder. Sogar die Räder von Rollstühlen.

Ich habe die Gastfreundschaft vieler Häuser genossen und in mehr als tausend Betten geschlafen: in komfortablen Betten mit Schaumgummi-Matratzen und auf einfachen Matten. Ich habe in sauberen Räumen gewohnt und in schmutzigen. In Hollywood benutzte ich Badezimmer mit herrlichen Blumenfenstern, in Borneo bestand mein Baderaum aus einer Lehmhütte, in der eine Schale mit kaltem Wasser stand. In Israel, wo ich mit einer Gruppe von jungen Jüdinnen war, musste ich über Berge von Schutt steigen, um zu meiner Erdhöhle zu gelangen, in der ich dann tief und ruhig schlief.

Immer, auch jetzt, im neunten Jahrzehnt meines Lebens, trug ich in meiner Hand die Bibel, dieses wunderbare Buch voll guter Nachrichten. Die Bibel – das ist Überfluss für jedermann und es fällt mir gar nicht schwer, mich in die Lage der Jünger zu versetzen, als sie 5000 und mehr Menschen mit fünf Broten und zwei Fischen speisten. Was sie aus den segnenden Händen unseres Herrn empfingen, war genug für alle; und sie hatten noch Überfluss: sieben Körbe voll! (Markus 8,8)

Diesen Überfluss fanden die Sterbenden in den Konzentrationslagern genauso wie die Aktiven und dem Leben Zugewandten in Theatersälen, in Stadthallen und Kirchen, in den vielen Teilen der Welt, wo ich später zu sprechen hatte. Manchmal waren es auch nur wenige Männer in einem Gefängnis, die hinter ihren Gittern standen und mit großem inneren Hunger zuhörten.

Einmal war es eine Gruppe von sechs Missionaren in Japan. Sie gewährten mir während eines furchtbaren Unwetters, das 28 Stunden lang über uns hinwegbrauste, Gastfreundschaft. Damals kamen mehr als tausend Menschen um. Dann wieder saßen Hunderte *oder* auch Tausende vor mir: in Indien unter dem Riesendach des *Pandal,* in Südamerika in Theatern, im Dom einer osteuropäischen Stadt.

»So sehr hat Gott die Welt geliebt …«, sagt Jesus, und darum gehen wir und bringen den Völkern die Botschaft vom Licht und von der Liebe, die alte und doch immer wieder neue Botschaft von Jesus. Und ich gehe auch jetzt noch in meinem 84. Jahr.

Gott hat Pläne für unser Leben, keine Probleme. Bevor meine Schwester Betsie in Ravensbrück starb, sagte sie zu mir: »Dein ganzes Leben ist eine Vorbereitung für das Werk gewesen, das du hier in der Gefangenschaft tust, und auch für die Arbeit, die du später tun wirst.«

Sie hatte Recht: Das Leben des Christen ist immer Zurüstung zu einem höheren Dienst. Ein Sportler wird sich nicht darüber beklagen, dass sein Training hart ist. Er denkt an den Wettkampf und hofft auf Sieg. Paulus sagt das im 8. Kapitel des Römerbriefes:

»Ich bin aber davon überzeugt, dass unsere jetzigen Leiden bedeutungslos sind im Vergleich zu der Herrlichkeit, die er uns später schenken wird. Denn die ganze Schöpfung wartet sehnsüchtig auf jenen Tag, an dem Gott offenbar machen wird, wer wirklich zu seinen Kindern gehört. Alles auf Erden wurde der Vergänglichkeit unterworfen. Dies geschah gegen ihren Willen durch den, der sie unterworfen hat. Aber die ganze Schöpfung hofft auf den Tag, an dem sie von Tod und Vergänglichkeit befreit wird zur herrlichen Freiheit der Kinder Gottes. Denn wir wissen, dass die ganze Schöpfung bis zu diesem Augenblick mit uns seufzt, wie unter den Schmerzen einer Geburt. Und selbst wir, obwohl wir im Heiligen Geist einen Vorgeschmack der kommenden Herrlichkeit erhalten haben, seufzen und erwarten sehnsüchtig den Tag, an dem Gott uns in unsere vollen Rechte als seine Kinder einsetzen und uns den neuen Körper geben wird, den er uns versprochen hat.«

Wenn ich auf die Jahre meines Lebens zurückblicke, kann ich sehen, wie sich die Wege Gottes mit seinen Kindern zu einem göttlichen Muster zusammenfinden. Da betete ich doch während meiner Haft in Holland oft: »Herr, lass doch nicht zu, dass mich die Feinde in ein deutsches Konzentrationslager bringen.«

Auf dieses Gebet antwortete Gott mit einem glatten Nein. Als ich dann dort war, wo ich nicht hingewollt hatte, fand ich im KZ mit all seinen Schrecken viele Gefangene, die noch nie etwas von Jesus Christus gehört hatten. Wenn Gott meine Schwester und mich nicht zu ihnen gebracht hätte, würden sie nie von ihm gehört haben. Viele starben oder wurden umgebracht, aber viele starben mit dem Namen Jesus auf ihren Lippen. Das war dann alle unsere Leiden wert. Glaube ist wie ein Radargerät, das durch den Nebel sieht – die Wirklichkeit der Dinge, wie sie das menschliche Auge nicht wahrnehmen kann.

> Dann sehen wir voll Preis und Dank
> die Schickung im Zusammenhang.

Obwohl die Fäden meines Lebens oft durcheinander liefen und verknotet zu sein schienen, weiß ich im Glauben, dass auf der anderen Seite der Stickerei die Krone ist. Als ich durch die Welt zog – als eine Reisende in Sachen Gottes –, habe ich in Gottes Lebensschule ein paar Lektionen gelernt. Und was ich gelernt habe, möchte ich mit denen, die dieses Buch nun lesen, teilen, und ich bitte darum, dass der Heilige Geist einiges von Gottes Plänen auch für dein Leben sichtbar werden lässt.

1
Ein Lied in der Nacht

Siehe, Gott ist meine Rettung. Ich vertraue ihm und habe keine Angst. Gott, der Herr, ist meine Stärke und ich lobe ihn; er wurde mein Retter.
Jesaja 12,2

Der Krieg war vorüber. Noch bevor sich das große Lagertor hinter mir geschlossen hatte, als ich noch innerhalb des Stacheldrahtzauns war, wusste ich, was ich danach tun würde. Nun war ich dabei, den Plan in die Praxis umzusetzen. In Blumendahl hatte ich ein Haus gefunden – jenes Traumhaus, das so genau der Vision meiner Schwester Betsie entsprach, dass es mir den Atem verschlug. Es sollte mehr sein als ein Haus für Heimatlose. Ich war so vielen begegnet, die geistig und körperlich nicht mehr zurechtkamen, und einigen hoffte ich helfen zu können.

Aber ich war dem Tode zu nahe gewesen, hatte ihm Tag für Tag ins Auge gesehen. Nun fühlte ich mich als Fremde unter meinen eigenen Landsleuten. Viele von ihnen sahen auf Geld, Prestige und Erfolg, als wären das die wichtigsten Dinge im Leben. Ich hatte zu lange auf ein Krematorium gesehen und wusste, dass jeder neue Tag mein Tag sein konnte. Das gibt dem Leben eine andere Perspektive. »*Sic transit gloria mundi.* – So vergeht die Herrlichkeit der Welt.« Wie gut verstand ich nun den Maler, der dieses Wort über das Bild vom toten reichen Mann gesetzt hatte! Die materiellen

Dinge dieser Welt bedeuteten mir nichts mehr. Sie würden mir nie mehr etwas bedeuten können.

Damals war ich zum ersten Mal nach dem Krieg wieder in Haarlem, der Stadt, wo ich mehr als fünfzig Jahre meines Lebens verbracht hatte. Es war schon spät, als ich durch die Straßen der Altstadt ging. Vor einer Verkehrsampel musste ich warten. Da fühlte ich wieder jenen seltsamen Zwang, mich nach den Leuten rechts und links auszurichten. In Fünfer-Reihen hatten wir uns immer aufstellen müssen. Aber das war ja vorbei! Endgültig vorbei! Mir fiel auf, dass die Leute redeten. Sie schwatzten über die alltäglichsten Dinge. Und als die Ampel grün wurde, gingen sie hinüber; jeder ging seinen Weg und niemand hinderte ihn daran.

Aber auf ihren Gesichtern lag eine merkwürdige Spannung. Etwas Gehetztes, Unfreies. Als ich so hinter ihnen herging, wuchs in mir das unbändige Verlangen, all diesen Menschen von dem Einen zu erzählen, der uns aus jeder Art Gefangenschaft befreien kann und will.

Es war schon Mitternacht, als ich endlich in der *Barteljorisstraat* ankam. Es brannten nur wenige Straßenlaternen, aber der Mond und viele Sterne standen über den Giebeln der alten, vertrauten Häuser. Vor der *Beje* blieb ich stehen, dort an der Ecke, wo die kleine Gasse in die *Barteljorisstraat* einmündet. Meine Finger betasteten die alte Ladentür. Die *Beje* war nicht mehr mein Heim, aber sie war noch Teil meines Herzens.

Ich stand allein in der dunklen Gasse und erlaubte mir den süßen Luxus der Erinnerung. Wie oft hatte ich die Läden vor den Schaufenstern heruntergelassen. Durch diese Tür trat ich meinen ersten Schulweg an, das war vor etwa fünfzig Jahren. Ich war eine unwillige Schülerin gewesen und hatte vor Furcht geschrien, als ich das liebe alte Haus verlassen musste, dessen Wärme mich im Winter umgab, dessen Fenster Regen und Nebel nach draußen verbannten, um dessen freundliches Feuer sich die Familie abends, nachdem wir den Tisch abgeräumt hatten, versammelte. Ich dachte an Vater, der meine Furcht verstand und mich bei der Hand nahm und durch diese Tür hinaus in die Welt des Lernens führte, in eine unbekannte Welt der Lehrer und der Klassenzimmer.

Vater war tot. Nur der himmlische Vater war mir geblieben. Ich ließ meine Finger an den Rissen im Holz entlanggleiten. Das hier war nicht mehr mein Schutzraum. Hier lebten nun andere Menschen. Gott hatte mich an die Hand genommen und in die weite Welt geführt. Ich lernte nun in fremden Ländern und bei fremden Völkern und meine einzige Sicherheit waren unter mir die ewigen Arme. Eine Welle der Freude und des Dankes durchströmte mich. Die starke Hand meines himmlischen Vaters hielt mich umschlossen. Es war stockdunkel in der kleinen Gasse. Ich hörte angestrengt hinein und irgendwo in einem Winkel meines Herzens hörte ich sie: die Tanten, Christoffels, Mutter, Betsie und all die anderen. War das alles erst ein Jahr her? Mir schienen es Jahrhunderte. »Es ist doch eine große Ehre, dass ich mein Leben für Gottes auserwähltes Volk hingeben kann. Für die Juden.«, hörte ich Vater sagen.

Ich presste mein Gesicht gegen die kalten Steine. Nein, ich träumte nicht. Es war Wirklichkeit. Aber Ravensbrück hatte alles verändert, auch die Stadt, durch deren mitternächtliche Straßen ich wanderte und die mir einmal Heimat gewesen war. Sie war jetzt nur noch eine Stadt.

Vom Turm der Kathedrale kamen die ersten Töne des alten Glockenspiels. Mein Leben lang hatte ich Tag und Nacht die Glocken der *Groote Kerk* gehört. Diesmal war es kein Traum, wie ich ihn oft im Lager geträumt hatte. Das war Wirklichkeit. Ich trat aus dem Schatten der Gasse und ging hinunter zum *Groote Markt.* Da reckten sich die Türme der Kathedrale in den nächtlichen Himmel, umrahmt von Millionen blinkender Sterne.

»Danke, Jesus, dass ich lebe«, sagte ich, und im Herzen hörte ich seine Antwort: »Ich bin bei dir alle Tage – bis ans Ende der Welt.«

Ich lehnte mich gegen die Mauer eines Hauses und ließ den Zeiger der großen Uhr sich drehen, bis das nächste Glockenspiel kam, diesmal mit dem Lutherlied »Ein feste Burg ist unser Gott«. Ich stand und hörte zu. Und am Ende sang ich das Lied mit, nicht in Holländisch, sondern in Deutsch.

»Das sieht dir ähnlich, Herr«, schmunzelte ich, »dass du mich durch einen deutschen Choral an deine Gnade erinnerst!«

Ein Schutzmann kam vorbei. Er sah mich an und sagte ein freundliches Wort. Ich sagte nur: »Gute Nacht, Herr Schutzmann. Ein feste Burg ist unser Gott ...«

Ich war frei.

Am nächsten Tag ging ich in die *Groote Kerk* hinein. Sie war so dicht bei der *Beje,* wo ich aufgewachsen war, dass ich sogar das Pflaster, das zum Portal führte, wiedererkannte.

»Soll ich Ihnen die Kathedrale zeigen?«, fragte der alte Küster, als er mich am Portal traf.

»Danke«, sagte ich. »Ich würde gern allein sein.«

Er verstand, nickte und verschwand im Innern der Kirche.

Ich ging über die Grabplatten, die in den Boden eingelassen waren. Meinen Schritten antwortete ein dunkles Echo aus dem Gewölbe der leeren Kirche. Ich musste an Dot denken, mit der ich hier als Kind so oft gespielt hatte.

Dot war meine Cousine, die jüngste Tochter meines Onkels, der Küster hier an der *Groote Kerk* gewesen ist. Sie war meine beste Freundin und unsere aufregendsten Spiele waren die Versteckspiele in der *Groote Kerk*. Ich erinnere mich noch an den Geruch von Staub und Feuchtigkeit, der einem in die Nase zog, wenn man sich in einer der alten, abgestellten Kirchenbänke versteckte. Für eine Stelle galt unbedingt »Zutritt verboten«. Das war die alte Kanzel. Aber alles andere gehörte uns und wenn wir einander zum Suchen riefen, dann hallte das Echo von Querschiff zu Querschiff.

Einmal spielten wir am späten Nachmittag noch in der Kirche, und ehe wir es recht bemerkt hatten, war es dunkel geworden. Wir brauchten uns nur zehn oder zwanzig Schritte voneinander zu entfernen, da mussten wir schon rufen und suchen. Damals erlebte ich das Geheimnis der Kathedrale. Ich blieb stehen und schaute mich um. Durch die farbigen Glasfenster fiel das Licht der Laternen von draußen und der erleuchteten Fenster der Häuser. Tagsüber war die *Groote Kerk* eine Symphonie aus Grautönen, innen und außen. Jetzt erschien sie mir wie ein großes Geheimnis. Die gotischen Pfeiler wuchsen ins Unsichtbare hinauf. Der Raum weitete sich ins Unendliche.

»Lass uns nach Hause gehen«, flüsterte Dot damals, »ich fürchte mich.«

Langsam tasteten wir uns zur Küstertür hinüber. Ich fürchtete mich nicht. Ich spürte eine Gegenwart, von der Frieden ausging.

Das »Licht der Welt« hatte die Dunkelheit, den Staub und die dumpfe Feuchtigkeit des alten Gemäuers aus meinem Bewusstsein verdrängt. Ich fühlte mich geborgen.

Es war ungefähr 45 Jahre später. Betsie und ich gingen über den Appellplatz des Lagers. Die Aufseherin hatte uns eine ganze

Stunde zu früh in die Kälte hinausgejagt. Wir drängten uns aneinander, um uns zu wärmen, und hielten uns etwas abseits von den anderen Häftlingen. Denn wir hatten ein Gespräch zu dritt. Erst sagte Betsie etwas, dann sprach ich und dann sprach der Herr. Wie das geschah? Ich weiß es nicht, aber wir verstanden ihn beide.

Die Sterne waren das einzige Licht, das wir sehen konnten. Die Silhouetten der Baracken und der Türme, auf denen die Wachtposten mit Maschinengewehren standen, waren kaum erkennbar.

»Ist dies nicht schon ein Stück vom Himmel?«, sagte Betsie zum Herrn. »Und es ist doch nur ein kleiner Vorgeschmack. Einmal werden wir dich von Angesicht zu Angesicht sehen. Aber wir danken dir, dass du uns jetzt schon diese Freude schenkst, dass wir bei dir sein und mit dir sprechen dürfen.«

Himmel mitten in der Hölle. Licht mitten in der Finsternis.

Welch eine Geborgenheit!

2
Eine große Entdeckung

Durch den Glauben gehorchte Abraham, als Gott ihn aufforderte, seine Heimat zu verlassen und in ein anderes Land zu ziehen, das Gott ihm als Erbe geben würde. Er ging, ohne zu wissen, wohin ihn sein Weg führen würde.
Hebräer 11,8

Als meine Eltern heirateten – das ist lange Jahre her –, wählten sie als Trauspruch einen Vers aus dem 32. Psalm; Gottes Zusage in diesem Vers bezogen sie auf sich: »Ich will dich unterweisen und dir den Weg zeigen, den du gehen sollst; ich will dich mit meinen Augen leiten.«

Nun, da Vater und Mutter am Ziel waren, bekam diese Verheißung auch für mich eine ganz besondere Bedeutung. Gottes Zusage, mich auf allen meinen Wegen (und Reisen) zu führen, brauchte ich dringend und ich brauchte sie besonders für die Vorbereitungen zu meiner ersten Reise nach Amerika.

Damals, kurz nach dem Kriege, wollten viele Europäer nach Amerika gehen, freilich nur wenige – wenn überhaupt einer – aus dem gleichen Grunde wie ich: als Missionarin, um den Amerikanern das Evangelium zu bringen. Trotzdem bekamen wir alle unterschiedslos auf sämtlichen Dienststellen, die wir wegen der vielen erforderlichen Papiere besuchen mussten, die gleiche Antwort. Immer hieß es: »Nein, für Amerika gibt es keine Papiere.«

Ich betete: »Herr, wenn es dein Wille ist, dass ich gehe, dann wirst du mir diese Papiere besorgen müssen.«

Ich entdeckte bald, dass unsere Verlegenheiten Gottes Gelegenheiten sind. Er benutzt unsere Probleme als Material für seine Wunder und mir ging auf: Dies war die erste Lektion seiner Unterweisung in dem Fach »Volles Vertrauen«. Dies waren meine ersten Schritte auf dem Weg zu völliger Abhängigkeit, zum Gehorsam gegenüber seiner Führung. Aber wie viel musste ich da noch lernen! Am Ende hatte ich meine Papiere. Nur eines fehlte mir noch; es war das wichtigste. Um es zu beantragen, saß ich auf einer der harten Holzbänke im Warteraum des Auswandereramtes in Den Haag. Ich sah die Leute, die das gleiche wichtige Papier brauchten, den Schicksalsraum betreten und verlassen. Sie kamen alle niedergeschlagen heraus, einer wie der andere.

»Er gibt keinem einen Sichtvermerk«, sagten sie. »Er ist hart wie Stein.«

»Herr«, betete ich, »ich bin bereit, zu gehen und zu bleiben. Das ist jetzt deine Sache.«

Als ich wieder aufblickte, sah ich drei Damen und einen Herrn an mir vorübergehen.

»Hallo, wir kennen uns doch!« Die eine der Damen blieb vor mir stehen und sah mich prüfend an. Ich machte verzweifelte Anstrengungen, herauszubekommen, ob ich sie kannte, aber ich fand keinen Anhaltspunkt.

»Du bist doch Corrie ten Boom«, lachte sie. »Ich bin deine Cousine, und das ist Jan, mein Mann.«

Wir hatten uns ganz aus den Augen verloren und inzwischen war so viel geschehen!

»Wollt ihr auch nach Amerika?«, fragte ich.

»Aber nein«, lachte sie wieder. »Ich war gerade bei Jan. Er arbeitet hier.«

»Ach, vielleicht könnt ihr mir helfen«, sagte ich und schüttelte beiden die Hand und erzählte meine Geschichte.

»Helfen kann ich nicht«, sagte der Vetter freundlich. »Es tut mir wirklich leid, ich würde meiner neuen Cousine gerne einen Gefallen tun. Aber dies hier ist nicht meine Abteilung. Nur wenn du Schwierigkeiten bekommst, dann rufe mich doch bitte an!« Er gab mir seine Telefonnummer und wir schüttelten uns noch einmal die Hand.

Ich wartete weiter. Der Mann mit dem Herzen aus Stein ging Kaffee trinken. An seinem Platz saß ein junger Sekretär. Als ich an die Reihe kam, sagte er: »Sie werden wahrscheinlich warten müssen, bis der Chef zurückkommt.«

Ich hielt ihm die Nummer hin, die mir Vetter Jan gerade eben in die Hand gedrückt hatte.

»Ich kann aber unmöglich warten«, drängte ich. »Rufen Sie bitte diese Nummer an.«

Kurz darauf legte er den Hörer auf und sagte: »Ja, ich soll Ihnen die Papiere aushändigen.«

Das Wunder war geschehen.

Ich fuhr daraufhin nach Amsterdam, um die Überfahrt auf einem Schiff der Holland-Amerika-Linie zu buchen. Wieder stand ich vor einem Berg. Mein Name sollte auf eine Warteliste gesetzt werden. »Sie bekommen dann sofort Bescheid, wenn ein Platz frei ist. Sie können mit zehn bis zwölf Monaten rechnen.«

Ein Jahr also, und ich wusste doch ganz sicher, dass ich jetzt gehen sollte! Gott hatte es gesagt und ich wollte gehorchen. Alle meine Papiere waren in Ordnung. Und nun das!

Ich stand auf dem *Dam*, einem der großen Plätze von Amsterdam, und dachte nach. Als ich meinen Blick über die Häuser schweifen ließ, fiel mir das Schild eines Frachtschiff-Unternehmens auf, der *American Express Company.*

»Gibt es auf Ihrem Schiff auch Platz für Passagiere?«, fragte ich den Mann im Büro.

»Gewiss, wenn Sie wollen, schon morgen. Sind Ihre Papiere in Ordnung?«

»Oh, morgen! Das geht aber schnell. Könnte ich auch nächste Woche mitfahren?«

Es ging! »Wir haben zwar selten Damen Ihres Alters auf unseren Frachtern. Aber wenn Sie wollen …«

Einige Wochen vorher hatte ich einen Amerikaner kennengelernt, der seine Verwandten in Holland besuchte, und hatte ihm von meinen Plänen erzählt. Kopfschüttelnd hatte er mir zugehört.

»Denken Sie nur ja nicht, es sei leicht, in Amerika Fuß zu fassen. Sie ahnen nicht, welche Schwierigkeiten da auf Sie zukommen!«

»Ja«, konnte ich nur antworten, »ich ahne es schon. Aber Gott will, dass ich gehe, und ich will gehorchen.«

Er schrieb mir zwei Schecks aus, einen über einen sehr hohen Betrag und einen über einen geringeren.

»Sollten Sie das Geld brauchen, so lassen Sie es sich auszahlen. Sie können es mir ja später zurückgeben.«

So erreichte ich Amerika als eine Missionarin für Amerikaner.

Ich durfte nur fünfzig Dollar einführen und kannte keinen Menschen. Aber ich fand den Christlichen Verein junger Frauen und dort bekam ich ein Zimmer und Platz für mein Gepäck.

Jemand hatte mir die Adresse einer Gruppe judenchristlicher Einwanderer gegeben, die in New York Versammlungen hatten. Ich rief die Leute an und sie luden mich ein, in ihrem Kreis zu sprechen. Es waren Deutsche und das war sicher gut so, denn obwohl ich mir auf dem Schiff englische Vorträge ausgearbeitet hatte, stellte ich doch hier in New York fest, dass mein Englisch noch ziemlich schwerfällig war.

New York versetzte mich in hilflose Verwirrung.

Am Ende der ersten Woche, nachdem ich wieder einmal ziellos durch die Straßen der Stadt gelaufen war, ging ich ins Büro, um meine Miete zu bezahlen. Die Angestellte sah mich freundlich an.

»Es tut mir leid«, sagte sie, »aber nach unseren Statuten dürfen wir Sie hier nicht länger als eine Woche unterbringen. Eine Woche ist unser Limit. Haben Sie eine Adresse für Ihr Gepäck?«

»Ja, nur – ich weiß noch nicht, wo sie ist.«

»Wie soll ich das verstehen?«, fragte sie erstaunt.

»Gott hat ein anderes Zimmer für mich«, erklärte ich ihr. »Aber ich habe noch nicht die Adresse. Aber das ist nicht schlimm. Der Herr führte mich in Ravensbrück und so wird er mich sicher auch in Amerika führen.«

Plötzlich erinnerte sich die Angestellte. »Richtig! Beinahe hätte ich es vergessen. Es ist ein Brief für Sie angekommen.«

Für mich? Ein Brief? Wo niemand wusste, dass ich hier war? Wie seltsam!

Ich überflog den Brief und hielt ihn der Frau hin.

»Das ist meine Adresse: 190. Straße.«

»Warum haben Sie mir das nicht gleich gesagt?«

»Weil ich den Brief doch eben erst bekommen habe!«

Eine mir völlig unbekannte Frau schrieb: »… Ich hörte Sie bei den deutschen jüdischen Auswanderern sprechen. Ich denke, es ist nicht ganz leicht, in New York City ein Zimmer zu bekommen. Seit ein paar Tagen ist unser Sohn in Europa und Sie wären uns sehr willkommen. Sie können sein Zimmer benutzen, solange Sie hier in New York sind.«

Nun war die Frau im Büro noch erstaunter als ich. Sie hat wahrscheinlich noch nie ein Wunder erlebt, dachte ich.

Mit der Untergrundbahn fuhr ich zur 190. Straße. Es war ein großes vierstöckiges Gebäude, in dem viele Familien wohnten. Ich fand auch das Appartement, aber es war niemand zu Hause. Sicher hat sie nicht geahnt, was ihre Einladung für mich bedeutet hatte und dass ich ihr so prompt Folge leisten würde. So gut es ging, machte ich es mir vor der Tür zwischen meinen Koffern bequem und schlief denn auch bald ein.

3
Der Traum

Und in dieser Hoffnung werden wir nicht enttäuscht werden. Denn wir wissen, wie sehr Gott uns liebt, weil er uns den Heiligen Geist geschenkt hat, der unsere Herzen mit seiner Liebe erfüllt.
Römer 5,5

Da muss mich eine Erinnerung gestreift haben. Denn ich fühle plötzlich, wie Betsies magere Hand über mein Gesicht streicht. »Bist du wach, Corrie?« Ihre Stimme klingt, als wäre sie weit weg.

»Ja, du hast mich geweckt …«

»Ich muss dir erzählen, was Gott zu mir gesagt hat …«

»Pst, die werden hier wach.«

Ich drehe mich um, damit wir einander zuflüstern können. Wir liegen dicht an dicht wie die Löffel im Besteckkasten. Unsere Knie stoßen aneinander. Weil die schwarzen Decken so dünn sind, haben wir unsere beiden Mäntel über uns gelegt. Ich ziehe den einen über unsere Köpfe, sodass wir miteinander flüstern können, ohne dass es jemand hört.

»Gott zeigte mir«, sagte Betsie, »dass wir den Deutschen nach dem Kriege das geben müssen, was sie uns jetzt zu nehmen suchen: unsere Liebe zu Jesus.«

Betsies Atem kommt in kurzen Stößen. Sie ist nur noch Haut und Knochen. Ich kann ihre Rippen fühlen.

»Betsie«, stöhne ich, »du meinst, wir würden, wenn wir hier lebendig herauskommen, nach Deutschland zurückkehren müssen?«

Betsie streichelt meine Hand. »Corrie, es gibt so viel Bitterkeit. Wir müssen ihnen sagen, dass der Heilige Geist ihre Herzen mit Gottes Liebe erfüllen will.«

Ich muss an das fünfte Kapitel im Römerbrief denken. Gerade heute Morgen hatten sich einige Frauen um uns gedrängt, als ich aus unserer geretteten Bibel las. Aber es schüttelt mich. Deutschland! Wenn ich je von diesem schrecklichen Ort hier befreit würde – könnte ich jemals nach Deutschland zurückkehren? Ich höre Betsies schwache Stimme weiterflüstern. »Du weißt, Corrie, wie bitter viele hier sind, wie dieses Lager viele, viele Menschenleben zerbrochen hat. Und dies ist nicht das Einzige. Es gibt viele Lager. Nach dem Krieg werden sie so etwas nicht mehr brauchen. Wir sollten versuchen, eines zu bekommen, um heimatlosen Menschen, Flüchtlingen, zu helfen. Einige werden dann wieder den Weg ins Leben zurückfinden.«

Nein, denke ich, ich werde in meinen alten Beruf als Uhrmacherin zurückgehen und niemals mehr meinen Fuß über diese Grenze setzen. Ich konnte Betsies Flüstern kaum noch verstehen.

»Von allen Menschen in der Welt sind die Deutschen jetzt am schwersten verwundet.«

Das junge Mädchen von gestern – eine Wärterin von siebzehn oder achtzehn Jahren – hatte eine arme alte Frau mit einer Peitsche geschlagen!

»– eine große Aufgabe – nach dem Kriege ...«

Ich finde nun Platz, wo ich meine Hand lassen kann. Es ist tatsächlich ein Problem, denn die Pritschen sind so schmal, dass einem die Arme oft herunterfallen. Nun liegt meine Hand auf Betsies linker Seite, genau über ihrem Herzen. Ich fühle ihre Rippen – wie lange wird sie es noch schaffen? Ihr Herz flattert wie ein sterbender Vogel. Ich ruhe und denke nach. Wie nahe ist Betsie Gottes Herzen! Nur Gott kann unter diesen Umständen die Möglichkeiten eines späteren Dienstes überschauen – eines Dienstes an solchen, die es jetzt für ihre Aufgabe halten, uns umzubringen. Und an einem solchen Platz eine Gelegenheit zu sehen, unsere Feinde zu segnen und ihnen zu einem neuen Leben zu verhelfen – eine solche Vision kann Betsie nur von Jesus selber, unserem Herrn, empfangen haben. Aber …

»Nach Deutschland, Betsie, meinst du das wirklich?«, flüstere ich.

»Ja, aber wir brauchen dort nicht zu bleiben. Danach reisen wir durch die ganze Welt … Freunden und Feinden das Evangelium …«

»… die ganze Welt – das kostet aber Geld!«

»Gott wird das schon machen«, sagt Betsie. »Wir müssen nur gehen und das Evangelium bringen. Für das andere sorgt er. Denk an die Kühe auf den tausend Bergen. Wenn wir Geld brauchen, müssen wir den Vater bitten, dass er ein paar Kühe verkauft.«

Langsam beginne ich die Vision zu erfassen. »Was für ein Auftrag!«, sage ich leise. »Durch die Welt reisen … und von dem Herrn gebraucht werden.«

Als uns die Blockälteste weckt, schläft Betsie noch in meinen Armen. Zwei Tage später ist sie tot.

Ich liege im Halbdunkeln auf meiner Pritsche und versuche mir alle Einzelheiten von Betsies Vision ins Gedächtnis zurückzurufen. Das schwache Licht der elektrischen Birne vorn am Eingang der Baracke erhellt die Decke. Nur ein schwacher Schein dringt bis zu mir.

Die Pritsche neben mir ist leer. Betsie!

Ich höre ein Geräusch näher kommen. Als ich aufsehe, fällt mein Blick auf eine große, spindeldürre Russin, die zwischen den Betten daherschlurft und sich einen Schlafplatz sucht. Die Russinnen sind nicht beliebt, man hält sie sich nach Möglichkeit vom Leibe. Als sie näher herankommt, sehe ich das Gehetzte in ihren Augen. Im Gefängnis sein ist schon schlimm – und nun noch nicht einmal einen Schlafplatz haben! Betsies Pritsche neben mir ist leer. Ich nicke der Frau zu und schlage die Decke für sie zurück. Sie schlüpft herein und streckt sich neben mir aus. Sie sucht meine Hand und drückt sie. Wir haben nur ein Kopfkissen, unsere Gesichter sind so dicht beieinander, dass ich irgendetwas sagen muss. Aber ich kann kein Wort Russisch. Da frage ich leise: »Jesus Christus?«

»Oh!« Schnell macht sie das Zeichen des Kreuzes, dann schlägt sie ihre Arme um mich und küsst mich. Die, die 52 Jahre lang meine Schwester gewesen ist, mit der ich Wohl und Wehe geteilt hatte, sie hat mich verlassen. Nun wartet eine russische Frau auf meine Liebe. Es werden noch andere kommen. Brüder und Schwestern in Christus überall in der Welt.

Ich fühlte, wie eine Hand über mein Gesicht und meine Schultern strich. Es war Mitternacht und ich hatte auf dem Flur zwischen meinen Koffern geschlafen.

»Komm herein«, sagte meine neue Freundin und öffnete die Tür. »Der Flur ist kein Schlafplatz für ein Kind des Königs.«

Ich erhob mich, streckte meine schmerzenden Glieder und betrat ihre Wohnung. Fünf Wochen lang war ich ihr Gast.

4
Die Botschaft

Doch der Herr hat Freude an denen, die … ihre Hoffnung auf seine Gnade setzen.
Psalm 147,11

Im Verlauf dieser Wochen stellte ich fest, dass mir das Geld ausging. Jan ten Have, der Verleger meines kleinen Buches in Holland, besuchte damals New York und half mir so gut er konnte.

Ich verbrachte nun den größten Teil meiner Zeit mit dem Aufsuchen der Leute, deren Adressen ich von Holland mitgebracht hatte. Die Amerikaner sind höfliche Leute und einige waren an meiner Sache interessiert; aber keiner forderte mich zum Sprechen auf. Sie waren alle mit ihren eigenen Problemen beschäftigt und einige sagten es ganz offen: Ich hätte in Holland bleiben sollen.

Der Widerstand gegen meinen Dienst wuchs. Offensichtlich konnte kein Mensch mit einer holländischen Junggesellin mittleren Alters, die zum Predigen gekommen war, etwas anfangen, und die Leute begannen häufiger zu fragen: »Warum bist du überhaupt gekommen?«

»Gott wollte es so haben. Ich habe ihm gehorcht. Das ist alles.«

»Das ist Unsinn«, antworteten sie. »Unmittelbare Führung von Gott – so etwas gibt es überhaupt nicht. Die Erfahrung lehrt, dass wir unseren Verstand gebrauchen sollen. Wenn Sie hier sind und kein Geld haben, dann ist es Ihr Fehler und nicht Gottes Fehler.«

Ich versuchte, Gott zu verteidigen: »Aber Gottes Führung ist immer wichtiger als der gesunde Menschenverstand. Ich bin sicher, dass er mich beauftragt hat, hier zu predigen. Ich kann es beweisen, dass die tiefste Dunkelheit nicht dunkel genug ist, als dass das Licht Jesu sie nicht hell machen könnte.«

»Wir haben Pfarrer genug, die uns so etwas sagen«, war die Antwort.

»Gewiss, aber ich habe das in einem Konzentrationslager erfahren und kann bezeugen, dass das, was solche Pfarrer sagen, wahr ist.«

»Ach was. Es wäre besser gewesen, Sie wären in Holland geblieben. Wir brauchen nicht noch mehr Prediger. Zu viele Europäer kommen nach Amerika. Man sollte ihnen die Einreise verbieten.«

Ich wurde immer mutloser. Vielleicht hatten die Amerikaner doch Recht? Sollte ich vielleicht nach Holland zurückgehen und wieder als Uhrmacherin arbeiten? Mein Geld war ausgegeben, alles, was mir geblieben war, war der zweite Scheck, den mir jener amerikanische Geschäftsmann gegeben hatte. Doch ich hatte Hemmungen, ihn ohne Rücksprache mit ihm einzulösen. Ich fand seine Adresse und ihn selbst in einem imponierenden Bürohaus in Manhattan. Nur – diesmal war sein Gesicht nicht so freundlich wie in Holland.

»Würden Sie damit einverstanden sein, wenn ich Ihren zweiten Scheck einlöste?«, fragte ich ihn.

»Was denken Sie über die Rückzahlung des Geldes?«, fragte er. »Sie sind nun seit fünf Wochen in Amerika und haben noch keine Arbeit gefunden. Ich denke, es wäre besser, Sie geben mir den Scheck einfach zurück.«

Ich nahm all meinen Mut zusammen und sagte: »Ich bin sicher, dass Gott hier Arbeit für mich hat. Es war sein Wille, dass ich kam, und irgendwann werde ich Ihnen Ihr ganzes Geld zurückgeben können.«

Er holte tief Atem, nahm den Scheck an sich und schrieb einen neuen über einen sehr viel kleineren Betrag aus.

Es war aufregend und demütigend für mich. In Holland hatte ich Geld: etwas Honorar von meinem ersten Buch und ein kleines Einkommen aus dem Verkauf des Geschäftes. Aber ich konnte nichts davon nach Amerika überweisen lassen. So ging ich zurück zu meiner Gastgeberin, schloss hinter mir die Tür zu und verbrachte eine lange Zeit im Gespräch mit meinem himmlischen Vater.

Ich kniete neben meinem Bett und sagte: »Vater, du musst mir hier heraushelfen. Wenn ich jetzt Geld leihen muss, um nach Holland zurückzukehren, werden die Leute sagen: ›Du siehst es ja selbst, man kann die Verheißung der Bibel nicht so wörtlich nehmen. Es gibt keine direkte Führung.‹ Um deiner Ehre willen musst du mir helfen, Vater.«

Ich warf mich auf das Bett und weinte. Dann, langsam wie eine tiefe Vergegenwärtigung, wenn sie das Herz eines Menschen zu erfüllen beginnt, kam die Antwort: »Du brauchst dich nicht um meine Ehre zu sorgen. Das ist meine Sache. Später wirst du für die Erfahrung dieser Tage in New York einmal dankbar sein.«

Von meinem Heimatland trennte mich der große Ozean. Ich hatte kein Geld. Niemand wollte mich hören. Alles, was ich hatte, war die Zusicherung Gottes, dass er mich führte. War das genug?

Alles, was ich tun konnte, war: weitergehen – weiter – weiter – um seines Namens willen. Bevor ich mich zum Schlaf niederlegte, öffnete ich meine Bibel, meinen ständigen Begleiter. Meine Augen fielen auf einen Vers aus den Psalmen: »Doch der Herr hat Freude an denen, die … ihre Hoffnung auf seine Gnade setzen.«

Ein spinnwebfeines Kabel verband mich in meinem kleinen Raum in der 190. Straße in New York jetzt mit dem Himmel. Ich hielt mich mit aller Kraft daran fest und schlief ein.

Am nächsten Tag ging ich zu einem holländischen Gottesdienst in einer New Yorker Kirche. Dr. Barkay Wolf predigte. Viele Holländer waren gekommen und trafen sich danach zu einer Tasse Kaffee in der Sakristei. Dort wurde mir der Pastor Burggraaff vorgestellt, der unsere in Kanada geborene Prinzessin getauft hatte.

»Ten Boom«, lächelte er, als er meinen Namen hörte. »Ich erzähle oft die Geschichte einer Krankenschwester dieses Namens. Sie erlebte im Konzentrationslager ein Wunder mit einer Vitaminflasche, die nicht leer wurde. Ich erzähle das immer, um zu beweisen, dass Gott auch heute noch Wunder tut. Kennen Sie etwa diese Krankenschwester? Ist sie mit Ihnen verwandt?«

Mein Herz tat einen Sprung.

»Sie ist keine Krankenschwester«, antwortete ich. »Sie ist Uhrmacherin und sie steht hier vor Ihnen. 1944 erlebte ich das.«

»Dann müssen Sie unbedingt mit mir nach *Staten Island* kommen und Ihre Geschichte meiner Gemeinde erzählen«, erklärte er.

Ich verbrachte die nächsten fünf Tage mit Pastor Burggraaff und seiner Frau und genoss wieder einmal gutes holländisches Essen. Ich war schon gespannt gewesen, wie lange man es mit Nedicks Zehn-Cent-Frühstück aushält: einer Tasse Kaffee, einem Berliner Ballen und einem kleinen Glas Orangensaft, eilig an irgendeiner Ecke stehend gegessen. Jetzt versorgte mich Gott wieder. Nicht allein mit Essen, sondern auch mit neuer Hoffnung. Ich konnte es mit Händen greifen, dass der Herr an denen Freude hat, die auf seine Güte hoffen.

Eine Woche später fuhr ich nach Manhattan zurück. An einer Straße sah ich einen Anschlag an einer Kirchentür. Es war eine Einladung zum Abendmahl am nächsten Sonntagmorgen. Es war Ostern. Ich ging hin. Der Pfarrer dort gab mir die Adresse von Irving Harris, dem Schriftleiter einer christlichen Zeitung, »The Evangel«, und ermutigte mich, zu dem Herrn hinzugehen.

Ich tat das denn auch, ging in sein Büro und sagte zu ihm:

»Ich bin sicher, dass ich den Weg gehe, auf dem Gott mich führt. Aber so viele wollen mir klar machen, dass es so etwas wie direkte Führung nicht gibt.«

»Hören Sie nicht darauf«, riet Mr. Harris. »In der Bibel stehen viele Verheißungen Gottes für die, die ihm gehorchen. Haben Sie jemals von einem guten Hirten gehört, der seine Schafe nicht führt?«

Dann fragte er, ob ich irgendetwas hätte, das er für seine Zeitschrift brauchen könnte. Ich gab ihm eine meiner ausgearbeiteten Predigten und erlaubte ihm jede Form des Abdrucks.

»Dabei ist aber ein Haken«, sagte er. »Wir können nämlich nichts bezahlen. Die Zeitschrift darf nur das Evangelium verkündigen und arbeitet ohne Gewinn.«

»Wundervoll!«, rief ich. »Hier ist ein Amerikaner, der vom Geld nicht mehr hält, als es wert ist.«

Er gab mir einen Namen mit Adresse in Washington und riet mir dringend, ein Treffen mit Abraham Vereide zu verabreden.

Ich hatte den Namen Vereide noch nie gehört, obwohl er, was ich aber erst später feststellte, einer der bedeutendsten christlichen Männer von Amerika war. Mr. Vereide? Ich befürchtete, eine neue

Enttäuschung komme auf mich zu. Aber andererseits vertraute ich Mr. Harris und so rief ich in Washington an.

Mr. Vereide an der anderen Seite der Strippe war ungewöhnlich freundlich und lud mich nach Washington ein. Ich sollte sein Gast sein. Beim Essen saßen noch drei andere Gäste am Tisch, alles Professoren, die mich den ganzen Abend mit Fragen bombardierten. Ich fühlte mich wie ein Schulkind, das von seiner Klassenlehrerin ausgefragt wird. Mein Englisch war miserabel und meine Fehler machten mich immer unsicherer, besonders vor diesen gelehrten Herren.

Aber am nächsten Nachmittag wurde ich gebeten, vor einer Frauengruppe zu sprechen. Sie fragten mich besonders nach meinen Erfahrungen in der Gefangenschaft. Da wurde ich wieder sicher. Es fiel mir nicht schwer, ihnen zu beschreiben, was der Herr in meinem Leben getan hatte.

Sie wurden warm über meinem Erzählen, gespannt hörten sie zu.

»Corrie«, sagte dann eine der Damen, »das ist Ihre Botschaft, darüber müssen Sie sprechen: überall, wohin Sie kommen.« Dann händigte sie mir einen Scheck aus, mit dem ich alles Geld, das ich in New York geliehen hatte, zurückzahlen konnte.

Plötzlich hatte sich das Blatt gewendet. Anstatt Arbeit zu suchen, musste ich nun zusehen, dass mich die Arbeit nicht verschlang. Abraham Vereides Empfehlung brachte Anrufe von überall her, Bitten, zu kommen und mein Zeugnis zu geben. Die Anrufe kamen aus Dörfern und Städten, ich sprach nun in Kirchen und Gefängnissen, an Universitäten, in Schulen und in Klubs. Zehn Monate reiste ich durch Amerika und überall erzählte ich dieselbe Geschichte: dass Jesus Christus Wirklichkeit ist, auch in den dunkelsten Tagen. Ich sagte ihnen, dass er die Antwort für alle Probleme ist, die die Herzen einzelner Menschen und ganzer Völker beunruhigen. Ich wusste, dass es so ist, nach allem, was er für mich getan hatte.

Nach diesem Jahr schien es mir, als wünsche Gott meine Rückkehr nach Europa. Ich hatte Heimweh nach Holland, aber er schien mich in eine andere Richtung zu führen – Deutschland! Jenes eine Land, das ich so fürchtete. »Ich will überall hingehen, wohin mich Gott sendet, aber ich hoffe, niemals mehr nach Deutschland.« – das hatte ich gesagt, als sich das Tor von Ravensbrück hinter mir geschlossen hatte. Nun erkannte ich, dass dieser Satz meinem Ungehorsam entsprang. Der Bibelausleger F. B. Meier sagte: »Gott erfüllt nicht jene Leute mit seinem Heiligen Geist, die an die Fülle des Geistes glauben, oder die, die ihn erbitten, sondern nur solche, die ihm gehorchen.« Mehr als alles andere wollte ich mit Gottes Geist erfüllt werden. Und so wusste ich, dass ich keine andere Wahl hatte, als zu gehorchen. Und das hieß: Deutschland!

5
Ein Lied auf gebrochenen Saiten

Ich will die Gnade des Herrn allezeit loben und den kommenden Generationen von seiner Treue erzählen.
Psalm 89,2

Die Deutschen hatten in der ganzen Welt das Gesicht verloren. Ihre Häuser waren zerstört. Als sie von den Verbrechen in den Lagern hörten, waren viele verzweifelt. Viele haben wirklich nie etwas davon gewusst. In den ersten Jahren nach dem Krieg waren sie von Hoffnungslosigkeit gezeichnet und die Heimkehrer hatten nichts mehr, wofür sie leben konnten. Ganze Familien waren ausgerottet, viele von den Angehörigen getrennt.

Freunde in Darmstadt hatten mir geholfen, das frühere Konzentrationslager dort zu pachten. Es war nicht groß, aber immerhin konnten 160 Flüchtlinge hier unterkommen. Im Nu war es gefüllt und es standen noch viele Namen auf der Warteliste. Ich arbeitete mit dem Evangelischen Hilfswerk zusammen. Der Stacheldraht war verschwunden, ein heller Anstrich, Blumen und Gottes Liebe in den Herzen der Menschen hatten das schreckliche Lager in ein Heim verwandelt. Die Marienschwestern halfen, Pfarrer und die Mitglieder verschiedener Kirchen beteiligten sich am Bau von Häusern, und ich reiste und sammelte das nötige Geld.

Es wurde mit der Zeit immer schwerer, alle Flüchtlinge aufzunehmen, und so war das Lager bald überfüllt. In einigen Räumen wohnten mehrere Familien zusammen, viele ohne Vater; die waren im Krieg gefallen oder befanden sich noch in Gefangenschaft. Oft ging ich durch das Lager und sprach mit den einsamen, verzweifelten Leuten und versuchte, ihnen neue Hoffnung und Liebe zu geben.

In der Ecke eines großen Raumes saß eine ältere Frau.

Offensichtlich war sie neu im Lager. Sie teilte den Raum mit drei Familien und hockte wie ein gescholtenes Kind in ihrer Ecke. Ein viel zu großes, abgetragenes Kleid hing um ihren mageren Körper. Ihre Augen wanderten ziellos hin und her. Manchmal hielt sie sich den Kopf: Das Geschrei der Kinder musste ihr auf die Nerven gehen. Aber sie litt noch tiefer. Sie verzweifelte am Leben überhaupt.

Ich ging zu ihr hin, setzte mich neben sie und bat sie zu erzählen. Da hörte ich, dass sie Musikprofessorin am Dresdener Konservatorium gewesen war, vor dem Krieg. Nun hatte sie nichts mehr. Sie erzählte aber, dass ihr ein Pfarrer in der Stadt erlaubt habe, sein Klavier zu benutzen, und dass die Kinder von ein paar Bauern Unterricht haben wollten. Bis zur Wohnung des Pfarrers waren es jedoch ein paar Kilometer, die sie zu Fuß gehen musste, und dafür war sie zu schwach.

»Sie sind Musikprofessorin!«, rief ich begeistert,. »Und ich liebe so sehr die Musik Bachs!«

Für einen Augenblick wurde es in ihren Augen hell. »Würden Sie mich zu der Pfarrerswohnung begleiten?«, fragte sie mit großer Würde. »Es würde mich glücklich machen, wenn ich für Sie spielen dürfte.«

Obwohl wir einige Kilometer weit laufen mussten und ich sah, wie schwer ihr das fiel, hatte ich doch den Eindruck, dass Gott etwas Besonderes vorhatte.

Sie setzte sich an das Klavier. Es war zwar von Bomben verschont geblieben – vor dem Regen hatte man es nicht schützen können. Das Holz hatte sich geworfen, die Saiten lagen offen und hatten Rost angesetzt. Einige waren gerissen und hingen zwischen den anderen Saiten. Die Pedale waren gebrochen und das Elfenbein von fast allen Tasten entfernt. Ich konnte mir nicht vorstellen, dass diesem Instrument überhaupt noch Töne zu entlocken waren.

Die Frau sah auf. »Was möchten Sie gern hören?«, fragte sie. Ich sandte eine kurze Bitte zum Himmel. Wenn ich jetzt einen Fehler machte, konnte der Riss lebensgefährlich werden. Dann hörte ich mich sagen: »Ach – wenn es die *Chromatische Fantasie* von Bach sein könnte!«

Als ich es ausgesprochen hatte, erschrak ich. Wie konnte ich nur diese alte Frau bitten, dieses schwere Klavierstück auf einem so stark zerstörten Instrument zu spielen? Doch ich hatte meinen Wunsch kaum geäußert, als ich wieder das Licht in ihren Augen sah. Ein leises Lächeln spielte um ihren müden Mund. Sie nickte und griff in die zerstörten Tasten.

Ich traute meinen Ohren nicht. Als ihre geübten Finger über die Reste der Tasten liefen, gab das armselige Klavier Bachmusik von sich! Mir liefen die Tränen über die Wangen, als ich an das wunde Deutschland dachte, das nichts mehr hatte als seine Vergangenheit und wo es noch solche Musik gab! Ein solches Volk wird überleben, um Neues zu schaffen, dachte ich.

Als wir in das Lager zurückgingen, lag in den Schritten meiner Begleiterin eine neue Energie.

»Es ist lange her, seit ich zum letzten Mal die *Chromatische Fantasie* gespielt habe«, sagte sie. »Ich war früher Konzertpianistin. Viele meiner Schüler sind inzwischen berühmte Musiker geworden. Beim Angriff auf Dresden habe ich meine Wohnung verloren. Ich musste fliehen und konnte nichts mitnehmen«, sagte sie noch einmal.

»Nein, nein, das stimmt nicht. Sie haben das Beste mitgenommen, was Sie hatten.«

»Und das wäre?«, fragte sie erstaunt.

»Ihre Musik. Was in Ihrem Herzen ist, kann Ihnen niemand nehmen.«

Nun erzählte ich ihr, was ich in Ravensbrück erlebt hatte. Ich erzählte ihr von Betsies Vision und von Gottes Liebe, die Bestand hat, wenn alles andere zerbrochen ist. »Im KZ nahmen sie uns alles, was wir hatten, aber Jesus konnten sie uns nicht nehmen. Bitten Sie doch Jesus, dass er in Ihr Leben kommt. Er gibt Ihnen einen Reichtum, der Ihnen niemals genommen werden kann.«

Wir schwiegen. Ich wusste, dass der Heilige Geist an ihrem Herzen arbeiten würde. Er würde sie an das erinnern, was nicht von uns genommen werden kann.

Als ich das Lager verließ, weil ich an anderen Plätzen arbeiten musste, und mich von ihr verabschieden wollte, saß sie wieder in derselben Ecke des großen Raumes. Ein Junge spielte auf seiner Mundharmonika, ein Baby schrie. Irgendwo schlug jemand mit dem Hammer gegen die Holzwand. Der Raum war voller Lärm und Disharmonie.

Ihre Augen waren geschlossen und um ihren Mund spielte wieder das feine Lächeln. Ich wusste, dass Gott ihr etwas gegeben hatte, das ihr niemand mehr nehmen konnte – niemals.

In einem der kleineren Räume fand ich einen Rechtsanwalt.

Er saß oder hing vielmehr in einem Rollstuhl. Seine Beinstümpfe zeichneten sich unter einer dünnen Decke ab. Er war voller Bitterkeit, Hass und Selbstmitleid. Er erzählte mir, dass er früher aktives Mitglied seiner lutherischen Kirche gewesen sei und als Junge die Glocken seiner Dorfkirche geläutet habe. Nun hatte ihm die schreckliche Ungerechtigkeit des Krieges beide Beine genommen. Er war bitter gegen Gott und gegen die Menschen.

Ich fühlte mich zu ihm hingezogen, weil er ähnliche Erfahrungen gemacht hatte wie ich. Und eines Tages besuchte ich ihn, um ihm einiges aus meinem Leben zu erzählen.

Er saß in seinem Rollstuhl und starrte auf die leere Wand.

Sein Gesicht war grau, seine Augen stumpf. Wie sonst auch hielt ich mich nicht bei der Einleitung auf, sondern kam sofort zur Sache.

»Es gibt nur einen Weg, mit der Bitterkeit fertigzuwerden. Man muss sie überwinden«, sagte ich.

Er drehte sich langsam zu mir herum und sah mich an.

»Was wissen Sie schon von Bitterkeit!«, sagte er. »Sie haben noch Ihre Beine.«

»Ich will Ihnen etwas erzählen«, sagte ich. »In Holland kam während des Krieges ein Mann zu mir und bat mich, ihm zu helfen, seine Frau zu befreien. Er tat mir leid und ich gab ihm mein ganzes Geld. Ich überzeugte meine Freunde, dass sie das auch machen mussten, und sie taten es. Aber der Mann war ein Quisling, ein Verräter. Nun saß ich in der Falle, aber nicht nur ich, sondern meine ganze Familie und meine Freunde. Wir kamen alle ins Gefängnis, wo drei von meiner Familie starben. Sie meinen, ich wüsste nichts von Bitterkeit und Hass. Sie hassen die Situation, in der Sie sich jetzt befinden. Aber ich hasste einen Menschen. Ich saß in meinem Heimatland im Gefängnis, wartete auf den Transport in ein deutsches Konzentrationslager, hasste und füllte mein Herz mit Bitterkeit. Ich wünschte dem Mann den Tod. Ich weiß, was hassen ist. Deshalb kann ich Sie verstehen.«

Der Rechtsanwalt hatte mir inzwischen sein Gesicht voll zugewandt. Er hörte zu.

»So, Sie haben also auch gehasst. Was soll ich Ihrer Meinung nach nun mit meinem Hass machen?«

»Meine Meinung hat da nicht viel zu bedeuten. Ich will Ihnen sagen, was der Sohn Gottes darüber denkt: ›Wenn ihr den Menschen ihre Fehler vergebt, so wird euch euer himmlischer Vater auch vergeben. Wenn ihr aber den Menschen ihre Fehler nicht vergebt, so wird euch euer Vater eure Fehler auch nicht vergeben. Sobald wir anderen vergeben, wird unser Herz bereit, Vergebung zu empfangen.«

Der Mann mühte sich mit seinem Rollstuhl ab. Die Adern an seinem Hals schwollen an, als er den Stuhl mit den Händen zu wenden versuchte.

»Wenn wir bekennen«, fuhr ich fort, »vergibt uns Gott und reinigt uns. Das habe ich getan: Ich habe bekannt. Ich glaubte es, dass, wenn ich meine Sünde bekenne, Gott treu und gerecht ist und mich von meinen Sünden reinigt und mir alle Ungerechtigkeit vergibt.«

Der Rechtsanwalt schüttelte den Kopf.

»Das ist leicht zu sagen. Aber mein Hass ist zu tief, als dass er weggewaschen werden könnte.«

»Nicht tiefer als meiner«, sagte ich. »Aber als ich ihn bekannte, hat Jesus ihn mir nicht nur abgenommen; er erfüllte mich mit Liebe, sogar mit der Fähigkeit, meine Feinde zu lieben.«

»Wollen Sie etwa damit sagen, dass Sie den Mann, der Sie verraten hat und der für den Tod Ihrer Familie verantwortlich war, plötzlich lieben konnten?«

Ich nickte. »Nach dem Krieg war dieser Mann zum Tode verurteilt worden. Ich korrespondierte mit ihm und Gott half mir, ihm den Weg des Heils zu zeigen, bevor er hingerichtet wurde.«

Wieder schüttelte der Rechtsanwalt den Kopf. »Was für ein Wunder! Sie glauben, Jesus kann das an einem Menschen tun? Darüber werde ich lange nachdenken müssen.«

Ich hatte es inzwischen gelernt, dass man keinen Menschen über den Punkt hinausbringen darf, bis zu dem ihn Gott geführt hat, und so verabschiedete ich mich von meinem Freund.

Nach einem Jahr war ich wieder in Darmstadt. Meine Freunde hatten diesem Mann ein Auto mit einer Sonderkonstruktion zur Verfügung gestellt, sodass er trotz des Verlustes seiner beiden Beine selbst fahren konnte.

Er holte mich am Bahnhof ab, um mich ins Lager zu bringen.

Als ich ins Auto stieg, lachte er über meinen ängstlichen Blick.

»Sie haben mir beigebracht, dass Jesus Sieger ist«, sagte er, »nun dürfen Sie aber auch keine Angst haben, mit einem Mann ohne Beine zu fahren.«

»Sie haben Recht«, antwortete ich. »Ich brauche nicht ängstlich zu sein. Ich bin so froh, dass ich Sie wiedersehe. Wie geht es Ihnen?«

»Gut. Ich muss es Ihnen jetzt schon gleich am Anfang sagen, dass ich Gott meine Bitterkeit ausgeliefert habe. Ich habe sie ihm bekannt und der Herr tat genau das, was Sie sagten. Er vergab mir und füllte mein Herz mit Liebe. Nun arbeite ich im Flüchtlingslager mit und bin Gott dankbar, dass er sogar einen beinlosen Mann gebrauchen kann, wenn er sich ihm ausgeliefert hat.«

Nach einer Pause fuhr er fort: »Aber eins müssen Sie mir noch sagen. Nachdem Sie Ihren Feinden vergeben hatten, war dann alles aus und vorbei?«

»Oh – keineswegs«, antwortete ich. »Gerade jetzt hatte ich eine schlimme Erfahrung mit Freunden, die sich wie Feinde verhalten haben. Sie gaben ein Versprechen, das sie nicht hielten. Sie brachten mich damit in große Schwierigkeiten. Aber ich habe meine Bitterkeit dem Herrn ausgeliefert, um Vergebung gebeten, und er nahm die Bitterkeit weg.«

Wir fuhren durch Schlaglöcher, aber der Rechtsanwalt schien nichts davon zu merken.

»War dann die Bitterkeit sofort weg?«

»Nein, in der nächsten Nacht erwachte ich um vier Uhr und da war mein Herz wieder voller Bitterkeit. Ich dachte: Wie können gute Freunde nur so etwas tun! Wieder brachte ich das alles dem Herrn. Er erfüllte mein Herz wieder mit Liebe. Aber in der nächsten Nacht war alles wieder da. Ich war so enttäuscht. Gott hatte mich oft gebraucht, anderen zu helfen, dass sie ihre Feinde lieben konnten, und ich hatte immer wieder bezeugen können, was er in meinem Leben getan hatte. Aber nun war ich verzweifelt. Dann erinnerte ich mich an die Verse im sechsten Kapitel des Epheserbriefes. Dort beschreibt Paulus die Waffenrüstung Gottes. ›Halte stand‹, sagt er da, ›bis zuletzt. Auch wenn euer inneres Leben zu einem Stillstand kommt.‹ Bei mir war Stillstand, aber ich wollte mich nicht weiter abdrängen lassen. Ich wollte mit Gottes Hilfe den Angriff des Feindes bestehen. Da fielen die Bitterkeit und alle unfreundlichen Gefühle von mir ab. Corrie ten Boom kann ohne den Herrn Jesus nicht siegreich sein. In jedem Augenblick brauche ich den Herrn. Das hat mir gezeigt, dass ich absolut von ihm abhängig bin. Und das hat mich reich gemacht.«

Wir waren inzwischen am Lager angekommen und mein Rechtsanwalt parkte, stellte den Motor ab und sah mich lächelnd an.

»Ich bin froh, dass Sie das sagen«, meinte er. »Denn manchmal kommt meine alte Bitterkeit zurück. Nun will ich standhalten, festhalten am Sieg Jesu über Furcht und ungute Gefühle und auch dann lieben, wenn mir nicht danach ist.«

Mein Freund hatte das Geheimnis des Sieges kennengelernt. Des Sieges durch Gehorsam.

Ich musste ihn an die Glocken seiner Dorfkirche erinnern. Nachdem er aufgehört hatte, am Seil zu ziehen, kamen immer noch einige Schläge, bis dann der letzte leise verklang. So geht es auch mit den Bitterkeiten. Sie kommen immer noch, wenn der Herr sie vergeben hat. Aber der Feind kann an diesem Seil nicht mehr ziehen. Er hat keine Macht mehr über uns.

6

Liebet eure Feinde

Denn wir wissen, wie sehr Gott uns liebt, weil er uns den Heiligen Geist geschenkt hat, der unsere Herzen mit seiner Liebe erfüllt.
Römer 5,5

In einer Kirche in München sah ich ihn – den kahlköpfigen, schweren Mann im grauen Mantel, einen zerdrückten braunen Filzhut in den unruhigen Händen. Die Leute drängten aus dem Kellerraum, in dem ich gerade gesprochen hatte. Langsam bewegten sie sich an den Stuhlreihen entlang auf die Tür zu.

Gottes Vergebung war die Wahrheit, die die Menschen in diesem ausgebombten Land am dringendsten brauchten. Nun benutze ich in meinen Predigten häufig Bilder, um bestimmte Wahrheiten besser erklären zu können. Und weil die See in der Vorstellungswelt eines Holländers einen ganz beträchtlichen Raum einnimmt, hatte ich den Leuten gesagt, Sündenvergebung bedeute, dass die Sünden ins Meer geworfen würden, und zwar dort, wo es am tiefsten sei. »Wenn wir unsere Sünden bekennen«, sagte ich, »dann wirft sie Gott in die Tiefe des Meeres, und zwar endgültig. Und wenn ich auch in der Bibel keinen Anhaltspunkt dafür finde, glaube ich doch, dass Gott dort eine Boje hinsetzt, auf der steht: Fischen verboten.«

Kein Lächeln antwortete mir. Ich blickte in ernste Gesichter und ich fragte mich, ob sie den kleinen Scherz überhaupt verstanden hatten. 1947 wurde in Deutschland nach einer Predigt niemals eine Frage gestellt. Still standen die Leute auf, still hüllten sie sich in Mäntel und Tücher und verließen den Raum.

Und da sah ich ihn, wie er sich gegen den Strom der anderen durcharbeitete. Ich sah den Mantel und den braunen Hut – und im nächsten Augenblick eine blaue Uniform und ein Käppi mit dem Totenkopf und den gekreuzten Knochen. Da stand ich wieder in dem großen Raum mit dem schmerzend hellen Licht; dem Haufen von Kleidern und Schuhen in der Mitte des Raumes. Die Scham, nackt an diesem Mann vorbeigehen zu müssen! Ich sah die gebrechliche Gestalt meiner Schwester vor mir; die Rippen zeichneten sich scharf ab; die Haut wie Pergament. Betsie, wie dünn bist du geworden!

Das war in Ravensbrück und der Mann, der Mühe hatte, bis zu mir durchzudringen, war Wärter gewesen – einer der grausamsten Wärter im Lager.

Nun stand er vor mir mit ausgestreckter Hand. »Eine gute Botschaft, Fräulein!«, sagte er. »Wie gut ist es doch, dass, wie Sie sagen, alle unsere Sünden auf dem Grund des Meeres liegen!«

Und ich, die so eindrücklich über Vergebung gesprochen hatte, machte mir an meinen Notizen zu schaffen, um seine Hand nicht nehmen zu müssen. Er würde sich an mich nicht erinnern, natürlich nicht; wie hätte er sich an eine Gefangene unter den Tausenden von Frauen erinnern können?

Aber ich erinnerte mich an ihn und an die Lederpeitsche, die in seinem Gürtel steckte. Ich stand vor meinem Peiniger, vor meinem Sklavenhalter. Mein Blut gefror.

»Sie erwähnten Ravensbrück in Ihrer Predigt«, sagte er. »Ich war Wärter dort.«

Nein, er erkannte mich nicht.

»Aber das ist vorbei«, fuhr er fort. »Ich bin Christ geworden. Ich weiß, dass Gott mir alle Grausamkeiten, die ich dort getan habe, vergeben hat. Aber ich möchte es auch noch aus Ihrem Mund hören, Fräulein« – wieder streckte er mir seine Hand entgegen –, »können Sie mir vergeben?«

Da stand ich nun – ich, der Sünden wieder und wieder vergeben wurden – und konnte es nicht! Betsie war dort gestorben – konnte er ihren langsamen, schrecklichen Tod ausradieren einfach mit dieser Bitte?

Es können nur ein paar Sekunden gewesen sein, dass er dastand mit seiner ausgestreckten Hand, aber für mich waren es Stunden, denn ich musste mit der schwierigsten Sache fertigwerden, mit der ich es je zu tun gehabt hatte.

Denn ich musste es tun. Ich wusste das. Die Botschaft von der Vergebung Gottes hat eine entscheidende Voraussetzung: dass wir denen vergeben, die an uns schuldig geworden sind. »Wenn ihr den Menschen ihre Übertretungen nicht vergebt«, sagt Jesus, »wird auch der Vater im Himmel euch eure Übertretungen nicht vergeben.«

Das wusste ich – nicht nur als Gebot Gottes, sondern auch aus täglicher Erfahrung. Seit dem Ende des Krieges unterhielt ich in Bloemendaal das Heim für Opfer des Naziregimes und gerade dort konnte ich es doch mit Händen greifen: Nur die, die ihren früheren Feinden vergeben konnten, waren in der Lage, zurückzufinden und neu anzufangen, gleich in welchem körperlichen Zustand sie sich befanden. Wer seine Bitterkeit pflegte, blieb Invalide. Das war ebenso einfach wie schrecklich.

Und ich stand da mit meinem kalten Herzen. Aber Vergebung ist kein Gefühl – das wusste ich auch. Vergebung ist ein Akt des

Willens und der Wille kann ohne Rücksicht auf die Temperatur des Herzens handeln.

»Jesus, hilf mir«, betete ich leise. »Ich kann meine Hand heben. Das wenigstens kann ich tun. Das Gefühl musst du dazutun.«

Hölzern, mechanisch legte ich meine Hand in die ausgestreckte Hand des Mannes. Als ich es tat, geschah etwas Unglaubliches. Die Bewegung entstand in meiner Schulter, sie strömte in meinen Arm und sprang in die umschlossene Hand. Und dann schien diese heilende Wärme mein ganzes Sein zu durchfluten. Tränen kamen mir in die Augen.

»Ich vergebe dir, Bruder«, weinte ich. »Von ganzem Herzen.«

Einen langen Augenblick lang hielten wir uns die Hände, der frühere Wärter und die frühere Gefangene. Ich hatte Gottes Liebe noch nie so intensiv erlebt wie in diesem Augenblick. Aber mir war auch klar, dass es nicht meine Liebe war. Es war die Kraft des Heiligen Geistes, von dem es in Römer 5,5 heißt: »… weil er uns den Heiligen Geist geschenkt hat, der unsere Herzen mit seiner Liebe erfüllt.«

7
In der Kraft des Geistes

Vom Heiligen Geist erfüllt, verließ Jesus den Jordan. Der Geist brachte ihn in die Wüste … Danach kehrte Jesus, von der Kraft des Heiligen Geistes erfüllt, nach Galiläa zurück. Schnell wurde er in der ganzen Gegend bekannt.
Lukas 4,1.14

Ich stand auf dem Bahnhof in Basel und wartete auf mein Gepäck, als mir plötzlich klar wurde, dass ich gar nicht wusste, wohin ich gehen sollte. Ich erschrak. Eine plötzliche Schwäche in den Beinen veranlasste mich, eine Bank zu suchen. Ich versuchte mich zu erinnern, zu wem ich unterwegs war, aber da kam nichts. Versagte mein Erinnerungsvermögen? War ich jetzt nicht mehr in der Lage, meine Arbeit fortzusetzen?

Seit zehn Jahren reiste ich nun schon durch die Welt und immer hatte ich Weisungen von Gott. Ich hatte es oft erlebt, dass ich nicht wusste, warum ich an bestimmte Orte reisen musste. Oft erfuhr ich es erst, als ich dort war. Manchmal hatte ich warten und in besonderer Weise auf ihn hören müssen, ehe ich seinen Weg erkannte. Aber es war mir zur zweiten Natur geworden, auf Gottes Pläne zu warten und erst dann meinen Namen darunterzusetzen und nicht etwa die Pläne selbst zu machen und mir Gottes Unterschrift dafür zu holen.

Doch nun saß ich in Basel auf dem Bahnhof und wusste nicht weiter. Ich versuchte meine Gedanken zu sammeln. Irgendwo in meinem Koffer musste eine Adresse sein. Ich ging in den Warteraum und öffnete meine Reisetasche. Das Gefühl der Unsicherheit bedrückte mich. Eine Art Panik ergriff mich. Nervös, mit zitternden Händen, wühlte ich in meinem Gepäck herum. Ich fand die Adresse, gab mein Gepäck zur Aufbewahrung auf und nahm ein Taxi.

Die Leute, die zu dieser Adresse gehörten, hatten nie etwas von mir gehört. Aber sie kannten einen Mann, der im Vorstand einer Missionsgesellschaft war. Die Gesellschaft arbeitete in Spanien.

Ich war völlig erschöpft. Die Leute machten mir klar, dass der Mann in einer ganz anderen Gegend der Stadt wohnte und dass es für ein Taxi ziemlich weit und teuer sei. Aber ich war zu müde, mich mit Omnibus und Straßenbahn auf den Weg zu machen. Ich rief wieder ein Taxi und als ich zu diesem Herrn kam, war es das Gleiche: Er wusste nichts von mir. Aber er war in großer geistiger Not und überglücklich, dass jemand kam. Meine Verwirrung und alle Angst waren gewichen. Ich holte meinen Koffer – in meiner Unsicherheit hatte ich ihn am Bahnhof gelassen – und blieb dort mehrere Tage. Ich wusste, dass mir der Herr hier eine Aufgabe gegeben hatte.

So führte er mich also doch. Wie ein Pilot in den Wolken hatte ich keine Sicht, ich war ganz angewiesen darauf, dass die Instrumente intakt waren und dass das Flugzeug trug.

Aber ich brauchte Sicht. Ich brauchte Ruhe. So beschloss ich, nach Holland zurückzufahren und dort auf weitere Aufträge zu warten.

Als ich in Haarlem angekommen war, wollte ich anrufen, dass man mich abholte. Aber auf dem Weg zur Telefonzelle rutschte ich aus. Durch meine Hüfte schoss ein scharfer Schmerz. Ich lag auf der Straße und hatte keine Kraft, aufzustehen. Da betete ich: »Herr, bitte lege deine Hand auf meine Hüfte und nimm diesen Schmerz fort!« Da ließ der Schmerz nach, aber gehen konnte ich noch nicht.

Passanten hatten inzwischen einen Polizisten geholt und mit seiner Hilfe schleppten sie mich zu einem Taxi, das mich zum Krankenhaus bringen sollte. Der Polizist begleitete mich. Er zog sein kleines Notizbuch aus der Tasche und fragte: »Ihr Name?«

»Corrie ten Boom.«

Überrascht schaute er auf: »Gehören Sie zu der Familie ten Boom, die vor zehn Jahren hier verhaftet worden ist?«

»Ja, das ist meine Familie.«

Während des Krieges standen viele gute holländische Polizisten im Dienste der Gestapo, um politischen Häftlingen helfen zu können. Und dieser Mann hatte gerade Dienst, als meine Familie verhaftet wurde.

»Na, so etwas!«, rief der Mann erstaunt. »Es tut mir leid, dass Sie diesen Unfall hier hatten. Aber ich freue mich auch, dass ich Sie wiedersehe. Ich vergesse die Nacht nie, in der Sie alle verhaftet wur den, als Sie dann in der Polizeistation auf dem Boden saßen – Ihr alter Vater mit allen seinen Kindern und Ihren vielen Freunden. Ich hatte gerade Dienst. Sie haben damals Frieden, ja fast Freude auf die Polizeiwache gebracht. Sie hatten eine Stimmung, als wären Sie zu einem Fest unterwegs. Stattdessen gingen die meisten von Ihnen ins Gefängnis und einige in den Tod. Ich höre es noch wie heute, als Ihr Vater damals sagte: ›Lasst uns zusammen beten.‹ Und dann las er den 91. Psalm. Ich erzähle die Geschichte immer wieder. Nein, ich kann sie nicht vergessen.«

»Das wissen Sie noch!«, rief ich. »Nach zehn Jahren!«

Plötzlich sah ich Vater vor mir. Ich hörte ihn mit ruhiger, klarer Stimme lesen: »Wer unter dem Schirm des Höchsten sitzt und unter dem Schatten des Allmächtigen bleibt, der spricht zu dem Herrn: Meine Zuversicht und meine Burg, mein Gott, auf den ich hoffe.«

Vater lebte entspannt. Er hat bestimmt mit keinem Gedanken daran gedacht, dem Polizisten ein Zeugnis sein zu wollen. Sein Leben war auf Jesus ausgerichtet, ja, er »spiegelte mit aufgedecktem Angesicht die Herrlichkeit des Herrn wider«. Ein Spiegel tut nicht viel. Er steht oder hängt in der richtigen Richtung und so erfüllt er seinen Zweck.

Der Regen fiel auf die Straßen von Haarlem und schlug auf das Dach und gegen die Fenster des Taxis. Eine warme Welle des Dankes strömte durch mich, als ich an meinen Vater dachte. Das Gefängnis, in dem wir damals gesessen hatten, war von der Krankenstation, auf die mich der Polizist brachte, nicht weit entfernt. Damals ist die Ten-Boom-Familie zum letzten Mal zusammen gewesen. Zehn Tage später war Vater tot. Ich musste noch einmal an den Psalm denken. »Wer unter dem Schirm des Höchsten sitzt und unter dem Schatten des Allmächtigen bleibt ...« – das war ja ein Wort für mich! Ich sah noch kein Licht, das mich hätte führen können. Aber ich wusste, ich war noch bei Gott. Denn nun begriff ich plötzlich, dass über einen nur dann der Schatten des Höchsten, des Allmächtigen, fällt, wenn Gott so nahe ist. Und wenn man bei ihm bleibt.

»O Gott«, sagte ich, »als dieser Schatten über mich kam, dachte ich, du habest mich verlassen. Nun sehe ich, dass ich dir näher gekommen bin. Und nun warte ich darauf, dass du mir zeigst, was ich tun soll.«

Die Röntgenaufnahme zeigte, dass meine Hüfte nicht gebrochen war. Aber sie war doch so verletzt, dass ich für mehrere Wochen im Bett bleiben musste. Ich wollte auf Gottes Führung warten. Aber mit der Genesung ging es mir viel zu langsam. Ich war kein geduldiger Patient. Im Übrigen war ich ja gesund und voller Energie und in fünf Tagen sollte ich auf einer Studentenkonferenz in Deutschland reden. Aber ohne fremde Hilfe konnte ich keinen Schritt tun. Neue Unsicherheit wuchs in mir.

»Gibt es denn hier in Haarlem keinen Christen, der die Gabe der Heilung hat?«, fragte ich eines Morgens meine Freunde. Sie wussten von einem und luden ihn ein zu kommen.

Nachdem sich dieser Bruder auf meine Bettkante gesetzt hatte, war seine erste Frage: »Gibt es noch Sünden in Ihrem Leben, die unbekannt und unbereut sind?«

Was für eine törichte Frage, dachte ich. Ich hatte damit gerechnet, dass er über mir beten würde, und nun wurde er so persönlich und fragte nach meinen Sünden! Aber ich brauchte nicht lange zu suchen. Meine Ungeduld und meine fordernde Haltung gegenüber den Krankenschwestern und gegenüber meinen Freunden war Sünde. Ja, es war Sünde! Ich bat sie hereinzukommen und bekannte ihnen diese Sünde und bat sie und auch Gott, mir zu vergeben.

Der gute Mann war zufrieden. Er beugte sich über mich und legte seine Hände auf meinen Kopf.

Und nun geschah etwas.

Es war erst ein Jahr her, dass meine Schwester Nolly gestorben war. Ich hatte den Verlust und alle Trauer dem Herrn übergeben. Aber im Innersten meines Herzens klagte ich noch um sie. Ich grollte dem Herrn wegen meiner Einsamkeit. Sie machte mich unsicher und unglücklich. Ich erkannte, dass mich das unruhig machte, meine Arbeit konzentriert, mit hundertprozentigem Einsatz zu tun, und dass ich deshalb hier im Bett lag und nicht in Deutschland bei den Studenten war.

Als nun dieser große, freundliche Mann seine Hände auf mich legte und betete, ging ein Strom von Kraft durch mich hindurch. Ich kann es am besten als ein Gefühl großer Liebe bezeichnen. Ich klagte nicht mehr. Nie wieder. Eine ungeheure Freude erfüllte mich. Ich konnte mit David sagen: »Du hast meine Trauer in einen Tanz voller Freude verwandelt. Du hast mir die Trauergewänder ausgezogen und mir Freude geschenkt« (Psalm 30,12).

Ich fühlte, wie mich die Gegenwart des Herrn Jesus umgab. Meine Freude stieg an wie die See zur Zeit der Flut, sodass ich am Ende betete: »Nicht noch mehr, Herr, nicht noch mehr!« Mein Herz war zum Bersten gefüllt von lauter Freude.

Ich sah zu dem Mann auf, der über mir gebetet hatte, und fragte:

»Kann ich nun wieder laufen?«

Er lächelte. »Ich weiß nicht. Ich weiß nur, dass Sie um einen Becher voll gebetet haben und dass Gott Ihnen einen Ozean schenkte.«

Nach zehn Tagen war ich unterwegs nach Deutschland – spät, aber mit einer überströmenden Freude erfüllt. Und erst, als ich dort ankam, wurde ich gewahr, warum Gott gerade diese Zeit gewählt hatte, um mich mit seinem Heiligen Geist auf diese besondere Weise zu erfüllen.

In jener ersten Zeit bekam ich es in Deutschland immer wieder mit Menschen zu tun, die dämonisiert waren. Wäre ich nur in meiner eigenen Kraft gegangen, würde mich das kampfunfähig gemacht haben. Aber nun ging ich in der Kraft des Heiligen

Geistes und so konnte Gott Befreiungen schenken, wenn wir den Dämonen geboten, auszufahren im Namen des Herrn Jesus Christus.

Jesus warnt seine Jünger davor, ohne seine Vollmacht in seinem Namen arbeiten zu wollen. Mein Erlebnis in Basel hat mich gelehrt, dass nichts so sehr verwirrt, zermürbt und ermüdet, wie der Versuch, das Werk des Herrn in der eigenen Kraft tun zu wollen. Aber wenn du mit dem Heiligen Geist erfüllt bist, dann fließt der Dienst Jesu einfach aus dir heraus.

Das war der Anfang eines neuen geistlichen Lebens, das mich jeden Tag ein Stück näher zu Jesus brachte. Und heute weiß ich, gleich ob ich im hellen Licht seiner Gegenwart lebe oder im Schatten des Allmächtigen ruhe, dass er nicht nur mit mir ist. Er ist in mir: »… denn der in euch ist, ist größer als der, der in der Welt ist« (1. Johannes 4,4).

8

Conny

Auch wenn ich durch das dunkle Tal des Todes gehe, …
Psalm 23,4

Ich war in England unterwegs zu einer Bibelschule, wo junge Frauen für die Missionsarbeit ausgebildet wurden. Ich freute mich auf das Zusammensein mit ihnen: Sie hatten wie ich ihr Leben der Arbeit im Reiche Gottes geweiht und so musste mich, die viel Ältere, Entscheidendes mit ihnen verbinden.

Am Abend, nachdem ich zu den Schülerinnen gesprochen hatte, fragte mich die Direktorin dieser Schule: »Brauchen Sie eigentlich keine Reisebegleiterin? Keine Mitarbeiterin bei Ihrer Reisetätigkeit in der ganzen Welt? Jesus hat seine Jünger doch immer zu zweit ausgeschickt – ist das nicht besser?«

Sie hatte mir aus dem Herzen gesprochen.

»Ja«, sagte ich, »ich habe schon lange darum gebetet, dass Gott mir eine solche Mitarbeiterin geben möchte. Aber es ist natürlich auch ein Wagnis …«

Wie in einem Film sah ich die unterschiedlichsten Situationen, denen ich auf meinen Reisen begegnet war, vor mir: Unkomplizierte Menschen und ganz schwierige, Einzelgespräche und große Versammlungen, Unterkünfte in Palästen und Strohhütten, tropisches Klima und nördliche Zonen … »Es ist nicht leicht, hier die richtige Wahl zu treffen. Wir werden fast Tag und Nacht zusammen sein müssen …«

»Ich weiß eine«, unterbrach sie mich, »eine holländische Studentin, Conny van Hoogstraten heißt sie. Ihr Vater war Missionar in Indonesien. Er starb in einem japanischen Internierungslager …«

In kürzester Zeit erfuhr ich, dass Conny van Hoogstraten an der Universität Amsterdam Geschichte studiert hatte, bis der Herr sie in seine Arbeit rief. In wenigen Monaten würde sie ihr letztes Semester hier am Seminar beendet haben. Sie konnte Schreibmaschine schreiben, konnte organisieren und liebte den Herrn.

»Wenn Sie ihre Bekanntschaft machen wollen, dann gebe ich ihr eine Woche frei. Sie kann Sie begleiten und Sie können dann beide Ihre Entscheidung treffen.«

Das kam vom Herrn! Zwölf Jahre war ich allein gereist und nun ging jemand mit mir. Conny war hübsch, jung und Holländerin!

Unsere erste gemeinsame Tat war die Vorbereitung der Reisen für das kommende Jahr. Unsere Landkarte lag auf dem Tisch und ich zeigte Conny die Länder, in die mich der Herr gewiesen hatte: Dänemark, Österreich, Israel, Indien.

»Nun müssen wir uns über die Reihenfolge klar werden«, sagte ich. »Kauf doch bitte die Flugkarten nach Tel Aviv in Israel. Bis dorthin habe ich das Geld beieinander.«

Gehorsam ging Conny zum Reisebüro und bestellte die Karten. Dort hörte sie jedoch, dass man nach Israel nur ein Visum bekomme, wenn das Ticket bis zur nächsten Flugstation außerhalb des Landes bezahlt sei.

Ich merkte, wie schwer es ihr fiel, mich mit dieser Nachricht zu enttäuschen.

Aber ich war nicht umsonst schon viermal in »Sachen Gottes« um die Welt gereist und sagte, ohne zu bedenken, wie das auf Conny wirken würde: »Dann bestelle die Flugkarten nach Kalkutta.«

»Aber Sie haben doch nicht das Geld dafür!«

»Nein, noch nicht. Aber unser Schatzmeister ist Gott und sein ist das Vieh auf tausend Bergen. Vielleicht verkauft er ein paar Kühe, um uns das Geld zu geben. Unsere Arbeit ist seine Sache. Er wird zur rechten Zeit auch immer für das Geld sorgen.«

Als die Flugkarten eintrafen, war das Geld da.

Conny hat mir später erzählt, was für eine Erfahrung das für sie war und was für eine Hilfe für später, wenn die Situationen ähnlich aussichtslos schienen.

Die gemeinsame Arbeit wurde für uns beide zu einer großen Freude. Conny besaß einen ansteckenden Humor und sie konnte so herrlich lachen. Eine ihrer besonderen Gaben war es, ein Haus in ein Heim zu verwandeln. Unterwegs knüpfte sie schnell Kontakte und zu Hause fanden die Menschen immer eine offene Tür. Ich konnte am Ende gar nicht mehr begreifen, wie ich die Arbeit bisher ohne sie hatte tun können. Was ist das für eine andere Sache, nicht allein zu sein, wenn eine Luftfahrtgesellschaft einen Flug absagt, wenn man ein Hotel sucht, den Reiseplan abändern und Verspätungen melden muss. Am stärksten wurde mir die neue Gemeinsamkeit bewusst, wenn ich hinter dem Rednerpult stand und daran dachte, dass sie unten saß und betete. Wir waren beide sehr verschieden, aber der Herr schweißte uns zu einem Team zusammen.

Vor fast acht Jahren kam dann der Tag, an dem mir Conny klar machte, dass jemand in ihr Leben gekommen sei und dass wir um einen neuen Partner für mich beten müssten.

Ich werde diesen Tag nie vergessen. Es war schwer für mich. Ich machte einen langen Spaziergang – das Beste, was ich jetzt tun konnte – und empfand es stärker als je zuvor, wie abhängig ich von Conny war und dass ich sie wie eine Schwester liebte. Ich konnte nicht sehen, was Gott mit dieser Veränderung vorhatte. Aber noch unterwegs übergab ich Conny dem Herrn und auch mich lieferte ich ihm ganz neu aus. Mein ganzes Sein vertraute ich ihm an, der wissen musste, was für uns beide gut war. Die letzten Jahre waren so ganz anders gewesen als die früheren, sie waren so gut gewesen – warum sollten wir ihm nicht auch für die kommenden Jahre vertrauen?

In diesem letzten gemeinsamen Jahr gewann ich Klarheit darüber, dass ich nach Vietnam gehen sollte. Ich sprach mit Conny darüber, aber ihr Verlobter wollte sie nicht gehen lassen und so mussten wir nach einem anderen Begleiter ausschauen. Es war noch früh im Jahr, als ich einen jungen Bruder traf, der auch den Ruf nach Vietnam erhalten hatte. So machten wir unsere Pläne zusammen. Der junge Mann war Bruder Andrew. Er erwies sich als ein sehr guter Reisebegleiter.

Das Elend, das ich in den Hospitälern und an anderen Plätzen in Vietnam sah, lähmte mich. Aber anstatt darüber mit Jesus zu sprechen, lastete ich es mir selbst auf. So unvernünftig konnte ich noch nach all den Erfahrungen der vergangenen Jahre sein! Krank und mit einem beschwerten Herzen reiste ich nach Indonesien weiter. Oh, der Herr arbeitete trotzdem; und die Leute waren sehr freundlich zu mir und halfen mir, wo sie nur konnten, aber glücklich war ich erst wieder, als wir in Amsterdam landeten.

Wir fuhren schnell weiter nach Soestdijk, wo mir Elisabeth von Heemstra, eine gute Freundin, ihre Wohnung für die Zeit, in der sie in Jerusalem arbeitete, zur Verfügung gestellt hatte. Hier verbrachten Conny und ich die letzten gemeinsamen Monate. Es wurde eine besonders schöne Zeit. Conny war mit Hochzeitsvorbereitungen beschäftigt und mit der Einrichtung des Hauses, in das sie mit ihrem Mann ziehen würde. Alte Freunde kamen, um uns wiederzusehen. Wir konnten über so vieles miteinander sprechen. Wir beteten und trauten es dem Herrn zu, dass er einen neuen Partner noch vor Connys Hochzeit schenken würde.

Wie wunderbar sind seine Wege! Der Herr beantwortete unsere Gebete und gab mir eine andere holländische Begleiterin. Sie heißt Ellen de Kroon, ist eine examinierte Krankenschwester und liebt den Herrn. Als sie mich das erste Mal besuchte, waren Conny und ihr Verlobter auch da. Es war ein sonniger Junitag und so saßen wir draußen auf dem Balkon. Nachdem wir uns eine Zeit lang unterhalten hatten, musste Ellen gemerkt haben, dass mir kalt wurde. Sie stand auf, fragte, wo sie einen Schal finden könnte, und legte ihn um meine Schultern. Dabei beobachtete ich Connys Gesicht. Sie strahlte und ihre Augen schienen zu sagen: »Nun, sieh an – da beten wir für jemanden, der für dich sorgen würde und der dich liebt, und da ist sie!«

So kam es, dass an Connys Hochzeitstag, am 1. September 1967, der Herr den Platz, den Conny verlassen hatte, mit Ellen besetzte, der schlanken, blonden Krankenschwester.

Zwei Jahre waren vergangen, als uns ein Brief mit der Nachricht erreichte, dass Conny krank sei. Wir kehrten nach Holland zurück und fuhren sofort ins Krankenhaus, um Conny zu besuchen. Ich wusste, dass sie sterbenskrank war – das konnten wir aus der Wahl der ärztlichen Mittel schließen – und dass nur der Herr sie durch ein Wunder noch retten konnte.

Als wir Connys Zimmer betraten, war es, als gingen wir in einen Blumengarten, in dessen Mitte Conny lag, fast immer schlafend. Neben ihr saß ihr Mann. Gerade heute hatte sie es vom Arzt erfahren, dass keine Hoffnung mehr war.

Conny war darauf vorbereitet, zu gehen und bei ihrem Herrn zu sein; aber dass sie sich nun ganz allein auf den Weg machen musste, das war schwer für sie. Würde Jesus ihr das zumuten?

Mit schwacher Stimme sagte sie: »Ich habe schon viele Reisen gemacht, doch immer war jemand bei mir. Als ich klein war, war es Mutter; dann machte ich viele Reisen mit Corrie, und nun ist Lykkle bei mir. Aber diese Reise – wer wird nun mit mir gehen?«

Da nahm ihr Mann liebevoll ihre Hand und sagte: »Conny, hier ist meine Hand, und sobald Jesus zu dir kommt, will ich deine Hand in die seine legen!«

Conny antwortete nicht mehr. Aber auf ihrem Gesicht lag nun Frieden. Dann plötzlich wendete sie sich uns wieder zu und bat uns, den 23. Psalm zu singen.

Mir war die Kehle wie zugeschnürt und ich bat den Herrn, mir zu helfen, mit den anderen zu singen. Als wir fertig waren, sagte Conny: »Einen Vers habt ihr vergessen – bitte singt ihn doch auch.« Sie hatte Recht, wir hatten die eine Strophe ausgelassen. Jetzt holten wir sie nach: »Und wenn ich auch wanderte im Tal der Todesschatten …«

Tränen rollten uns über die Wangen. Dann gedachte Conny all der Freunde überall in der Welt, die wir kannten, und sie bat mich, sie zu grüßen.

Danach begannen wir zu beten und Conny legte ihre Hände auf Ellens Kopf und sagte: »Sei … treu bis zum Tod, dann will ich dir die Krone des Lebens geben.«

Conny starb einen sieghaften Tod, nachdem ihr Leben viel Frucht gebracht hatte.

9
Macht über Dämonen

Und diese Zeichen werden die begleiten, die glauben: Sie werden in meinem Namen Dämonen austreiben ...
Markus 16,17

Wochenlang reisten wir durch Osteuropa: Russland, Polen, Tschechoslowakei – und sprachen in Wohnungen und gelegentlich sogar in einer Kirche. In Osteuropa sind noch viele Kirchen geöffnet und die Kommunisten kontrollieren sehr genau, wer dort predigt und was er sagt. Mir als harmloser alter Holländerin erlaubten sie gelegentlich, in einer der Kirchen zu sprechen.

Es musste ein Wunder geschehen sein, als ich eines Tages die Einladung erhielt, eine Reihe von Vorträgen im großen Dom einer großen kommunistischen Stadt zu halten. Ich lernte dort Pfarrer kennen, die den Herrn liebten und die nichts mehr wünschten, als dass verlorene Menschen gerettet würden.

Während der ersten Abende sprach ich über das überfließende Leben in Jesus Christus – Freude, unaussprechliche Liebe, über den Frieden, der allen Verstand übersteigt. Ich malte den Leuten vor Augen, was es bedeutet, Jesus zu kennen und von ihm die großen Verheißungen zu bekommen, die unser Leben in die Freiheit und uns selbst zu vollmächtigem Handeln führen.

Aber irgendetwas war verkehrt. Ich sah zwar, dass sich viele Leute freuten, aber die meisten saßen auf ihren Bänken, als hätten sie Wurzeln geschlagen. Wie angekettete Tiere, denen es sterbenselend vor Hunger ist und die keine Kraft mehr haben, sich das Futter heranzuziehen. Und je mehr ich ihnen zu geben versuchte, desto mehr verstärkte sich in mir der Eindruck, dass ihre Herzen zugeschnürt waren, sodass sie von der Nahrung, die ich ihnen reichte, nichts annehmen konnten.

Abend für Abend kehrte ich in mein Zimmer zurück mit dem bedrückenden Wissen, dass diese Leute haben wollten, was ich ihnen anbot, und dass sie es doch nicht nehmen konnten.

Ich hatte damals eine deutsche Begleiterin bei mir und die sagte eines Tages: »Es ist gerade so, als hätte der Teufel einen Zaun um diese Leute gezogen, damit du sie nicht erreichen kannst.«

Da wurde ich aufmerksam. Konnte es sein, dass hier dämonische Bindungen vorlagen? Ich öffnete meine Bibel und las: »Sie werden in meinem Namen Dämonen austreiben ...«

»Herr, was soll ich jetzt tun?«, rief ich.

»Mir gehorchen!«, kam die Antwort.

»Aber wie, Herr?«, fragte ich weiter. »Wenn, dann sind es so viele, die durch dämonische Mächte gebunden sind, und ich kann doch nicht jeden Einzelnen daraufhin ansprechen!«

»Das habe ich auch nirgends gesagt«, kam die Antwort.

Ich war verwirrt und suchte weiter in seinem Wort. Es konnte kein Zweifel mehr sein: Der Herr erwartete von mir, dass ich alle diese teuflischen Geister in seinem Namen austrieb. Aber ich wusste auch, dass dieser Dienst in den kommunistischen Ländern verboten ist.

An diesem Abend sollte die letzte Versammlung stattfinden. Der große Dom war voll von Menschen. Aber es war dasselbe wie an all den Abenden vorher. Sie konnten nicht nehmen, was ich ihnen anbot.

Wieder sprach ich über Jesus, den Sieger. Er redete zu uns durch das Wort aus Johannes 16,33: »Hier auf der Erde werdet ihr viel Schweres erleben. Aber habt Mut, denn ich habe die Welt überwunden.« Aber da unten saßen sie wie Denkmäler, unfähig, den Trost und die Freude des Herrn aufzunehmen.

Ich wusste, dass mich der Herr zum Handeln aufgerufen hatte. Ich zitterte, aber ich hatte keine Wahl.

»Ich muss meine Botschaft für einen Augenblick unterbrechen, Freunde«, sagte ich. »Viele von euch können den Reichtum des Herrn nicht aufnehmen, der uns heute Abend angeboten wird. Die Knechte Satans haben euch in Fesseln geschlagen.«

Nach einem tiefen Atemzug und einem letzten kurzen Gebet rief ich mit lauter Stimme: »Im Namen Jesu gebiete ich allen dunklen Mächten, welche die Segnungen Gottes von den Menschen hier fernhalten, zu verschwinden. Fahrt aus! Fahrt aus den Herzen dieser Menschen. Fahrt aus aus dieser Kirche. Fahrt hin zu dem Platz, wohin Gott euch sendet.« Dann schloss ich meine Augen, hob meine Hände hoch und betete: »Herr, nun beschütze uns durch dein kostbares Blut. Amen.«

Ich war erschrocken, fühlte mich aber sicher. Ich wusste, dass ich im Auftrag Gottes gehandelt hatte. Als ich dann meine Augen öffnete und über die große Versammlung blickte, sah ich, wie das Wunder geschah: Die gebundenen Leute wurden frei. Sie begannen sich zu freuen, und als ich mit meiner Botschaft fortfuhr, merkte ich, wie ihre durstigen Herzen das lebendige Wasser tranken, das ich vor ihnen ausgoss.

Es war geplant, dass ich nach der Versammlung mit den Pfarrern der Stadt zusammentraf. Ich konnte also nicht mehr bei den Leuten sein, die nach vorn kamen, um mich zu sprechen.

Ich hatte den Raum, in dem sich die Pfarrer schon versammelt hatten, kaum betreten, als einer der Pfarrer vorwurfsvoll sagte: »Wie konnten Sie so etwas tun! Es ist hier strikt verboten, über Dämonen zu sprechen.«

»Ich muss Gott gehorchen.« Mehr hatte ich dazu nicht zu sagen. Ich konnte es auch nicht. Ich war glücklich, aber ganz erschöpft.

Dann sprachen die Pfarrer weiter über die Versammlung. Auch sie hatten es geahnt, dass dämonische Bindungen vorlagen. Sie hatten auch die Befreiung miterlebt, als die Dämonen ausgetrieben waren. Aber einige von ihnen hatten Psychologie studiert und andere Dämonologie, und nun begannen sie ein hitziges Gespräch über dieses Thema. Ich hatte von alledem nichts studiert. Alles, was ich wusste, war, dass Gott mir befohlen hatte, von meiner Autorität im Namen Jesu Gebrauch zu machen. So saß ich schweigend dabei. Argumente und Gegenargumente schwirrten wie Pfeile um mich herum. Schließlich sagte einer der Pfarrer:

»Wir kennen Gottes Verheißungen und Gottes Gebote, aber wer unter uns war je bereit gewesen, dem Wort Jesu in Markus 16,17 zu gehorchen: ›Und alle diese Zeichen werden denen folgen, die glauben; in meinem Namen werden sie Dämonen austreiben …‹?«

Darauf folgte ein langes peinliches Schweigen. Wenn die Bibel mit menschlicher Theologie konfrontiert wird, dann verursacht das immer Spannungen. Der Pfarrer fuhr fort:

»Heute Abend hat Gott Corrie ten Boom die Gnade geschenkt, die Kraft Jesu in Anspruch zu nehmen und in seinem Namen Teufel auszutreiben. Wir sollten dafür dankbar sein und nicht darüber diskutieren.«

Damit war das Pastorentreffen beendet.

Aber für mich hatte etwas begonnen.

Es ist immer tragisch, wenn Menschen, besonders Menschen Gottes, die Tatsache nicht zur Kenntnis nehmen, dass wir nicht nur von Engeln umgeben sind, sondern auch von den Mächten der Finsternis.

Als ich einmal nach meiner Meinung über die Missionare eines bestimmten Landes gefragt wurde, konnte ich nur antworten: »Sie haben alles gegeben, was sie hatten. Aber sie haben nicht alles genommen. Sie haben ihre Heimat gegeben, ihre Zeit, ihr Geld, ihre Bequemlichkeit und noch vieles mehr. Aber sie haben nicht die überfließenden Quellen der Verheißungen Gottes in Anspruch genommen. Manche kennen die beiden kostbaren Waffen noch nicht einmal: die Kraft des Blutes Jesu und das legale Recht jedes Christen, in dem wunderbaren Namen Jesu Dämonen auszutreiben.«

Es stimmt schon: Die Heiden erkennen die Existenz der bösen Geister an, aber die meisten Missionare ignorieren sie oder halten das alles für Aberglauben. Und gerade jene Missionare, die der »Fürst der Gewalt in der Luft« blind macht für die Offenbarung der Bibel über die satanischen Mächte, halten es für überflüssig, sich diesen Fragen zu stellen.

Aber wir müssen den Feind kennen, um ihn zu besiegen. Wir dürfen nicht in den Fehler verfallen, den C. S. Lewis in seiner »Dienstanweisung für einen Unterteufel« beschreibt. Dort spricht er davon, dass es zwei gleich verhängnisvolle, aber gegensätzliche Irrtümer gibt, denen die Menschheit im Blick auf die Teufel verfallen kann:

Der eine sei es, an ihre Existenz nicht zu glauben. Und der andere: mit ihrer Existenz zu rechnen, aber ein ungesundes Interesse an ihnen zu haben.

Wir haben einen guten Schutz und sicheren Führer: die Bibel, Gottes Wort. Wir finden hier nicht nur die notwendigen Informationen über Satan und die Dämonen, sondern auch über die Waffen und die Ausrüstung, die wir für diesen Kampf brauchen.

Es ist Gottes Wille und er erwartet es von uns, dass wir über die Mächte der Finsternis siegen – nicht nur um unserer selbst willen oder wegen der Befreiung anderer. Nein, es geht um seine Herrlichkeit. Überall sollen sein Triumph und sein Sieg über seine Feinde sichtbar werden.

Das wurde mir immer deutlicher. Es begann mich zu bedrängen, dass die Gemeinden so hilflos waren, und immer stärker spürte ich den Auftrag des Herrn, in seinem Namen zu handeln. Das war nicht leicht. Denn neben dem Kampf gegen den Bösen stand das Unverständnis, ja oft auch der Unwille derer, die es aufgrund ihrer Schriftkenntnis, ihres langen Lebens mit dem Herrn eigentlich hätten wissen müssen. Oft überfiel mich auch die Angst. Aber das war immer ein Grund, mich umso fester an den Herrn zu klammern, und als ich merkte, wie notwendig dieser Dienst war, schrieb ich nieder, was ich darin erkannt und erfahren hatte. Ich schrieb das kleine Büchlein »Besiegte Feinde« und kam dabei zu folgenden Ergebnissen:

Zuerst müssen wir sehen, was die Bibel über die Mächte der Finsternis sagt.

Der Teufel (oder Satan) wird als eine Person eingeführt, die sich Gott und seinem Werk entgegenstellt. Er ist der »Gott dieser Welt«, der den Geist der Menschen verdunkelt, sodass sie dem Wort Gottes nicht mehr vertrauen. Weil er gegen Gott rebellierte, wurde er aus dem Himmel ausgetrieben; dann betrieb er die Austreibung des Menschen aus dem Paradies. Jesus nennt ihn den

Vater der Lüge, einen Lügner, einen Mörder (Johannes 8,44). Oft erscheint er als Engel des Lichts, wenn er die Vernichtung der Auserwählten Gottes betreibt. Aber Gott hat ihn verflucht, und Jesus triumphierte über ihn am Kreuz und in seiner Auferstehung. Er ist verdammt worden und am Ende wird er vernichtet sein.

Dann gibt es viele Arten von Dämonen, die die Menschen auf viele Weisen angreifen. Sie schaffen Irrlehren, versuchen die Auserwählten Gottes zu unterdrücken, zu quälen und zu beherrschen. Sie kennen Jesus und seine Macht und fürchten ihn. Ihr Ende ist das gleiche wie das Satans: die Hölle.

Das sagt die Bibel über die Mächte der Finsternis. Nun gibt sie uns Anweisungen, wie wir uns diesen Mächten gegenüber verhalten sollen. Dabei ist es äußerst wichtig, dass wir wissen: Wir sind in Christus. Wir sind berufen, dem Teufel in der »ganzen Rüstung Gottes« zu widerstehen. In der Kraft des Blutes Jesu, im Glauben, Beten und Fasten.

Als wir einmal in Ravensbrück kaum etwas zu essen hatten, sagte meine Schwester Betsie: »Lass uns doch das unfreiwillige Fasten dem Herrn ausliefern. Dann wird es ein Segen.« Daraufhin hatten wir Macht über Dämonen, die uns quälten, und wir trieben sie aus unserer Baracke hinaus. Das war eine unserer großen Erfahrungen im KZ.

Gottes Wort bleibt das gleiche und seine Gebote bedeuten für uns heute dasselbe wie für seine Jünger vor 2000 Jahren. Wer also im Gehorsam auf sein Wort hin handelt, wird auf die gleiche Weise seine Allmacht erleben. Ja, Jesus sagt sogar: »Sie werden in meinem Namen Dämonen austreiben …« »Sie« – damit meint er uns.

Unser Kampf gilt nicht einer sichtbaren Armee, einer politischen Partei, einer atheistischen Organisation. Unser Kampf gilt geistigen Organisationen und Mächten. Dämonen sind überall da, wo okkulte Sünden vorliegen, selbst wenn sie Jahre zurückliegen. Da ist es gleich, ob man so etwas »nur mal zum Spaß« praktiziert – die Dämonen, die dadurch gerufen werden, bleiben, bis sie im Namen Jesu ausgetrieben werden.

Wir stehen der unsichtbaren Macht gegenüber, die diese dunkle Welt beherrscht und deren Agenten unmittelbar aus dem Hauptquartier des Bösen gesandt werden. Deshalb müssen wir »die ganze Waffenrüstung Gottes« tragen. Nur dann können wir dem Bösen am Tag seiner Macht widerstehen. Und wir befinden uns selbst dann noch auf Siegesgrund, wenn der Kampf ins Stocken geraten sollte.

Als Conny noch mit mir reiste, arbeiteten wir eine Zeit lang in Polen. Wir trafen dort viele bewundernswerte Christen und es bereitete uns große Freude, diesen Männern und Frauen Gottes Trost und neue Kraft zuzusprechen. Aber je länger wir in Polen waren, desto schneller erschöpften sich unsere eigenen Kräfte.

»Ich kann es einfach nicht verstehen«, sagte Conny eines Morgens. »Nun habe ich die ganze Nacht durchgeschlafen, aber ich bin schon wieder müde und fühle mich ganz elend.«

Mir ging es genauso. Auch ich war müde und fühlte mich elend. Zunächst dachten wir, wir hätten irgendwo ein paar Bazillen aufgelesen, aber weder Conny noch ich schienen wirklich krank zu sein.

Kurz darauf trafen wir in Warschau einen alten holländischen Freund. Kees reiste mit seiner Frau in einem Wohnwagen durch Polen.

Er freute sich riesig, als er uns traf, aber als er sich nach unserem Ergehen erkundigte, schwiegen wir beide, Conny und ich.

»Wir müssen es dir sagen, Kees«, rückte ich schließlich heraus. »Wir sind beide furchtbar müde. Unsere Beine sind so schwer, als hätten wir die Grippe. Aber wir sind nicht krank, nur schlapp, nur müde.«

Kees sah uns nachdenklich an. »Ist es das erste Mal, dass ihr in Polen arbeitet?«

»Ja«, sagte ich, »aber was hat das mit unserer Müdigkeit zu tun?«

»Das kann ich euch sagen«, antwortete Kees. »Eure Müdigkeit ist nichts als ein Angriff des Teufels. Er will nicht, dass ihr hier in Polen arbeitet. Der Antichrist ist tätig, er baut auch hier seine Armee auf.«

Er legte seine Hand auf meinen Arm und sagte ernst: »Corrie und Conny, ihr müsst immer daran denken, dass ihr unter dem Schutz des Blutes Jesu steht. Jedes Mal, wenn ihr merkt, wie die dunklen Mächte euch angreifen wollen, dann müsst ihr ihnen im Namen Jesu widerstehen.«

Ich wusste, dass es stimmte, was er sagte. Als wir in seinem Wagen saßen, las er den elften Vers vom zwölften Kapitel aus der Offenbarung: »Sie haben ihn durch das Blut des Lammes besiegt und dadurch, dass sie an der Botschaft Gottes festhielten und bereit waren zu sterben.« Dann betete Kees mit uns und legte uns im Namen Jesu die Hände auf. Er wies die dunklen Mächte ab, die uns angreifen wollten. Und während er betete, fühlte ich, wie die Dunkelheit wich. Nach dem Gebet fühlten wir uns durch das Blut des Lammes geschützt und alle Müdigkeit war verschwunden.

So hat uns Gott in Polen eine wichtige Lektion gelehrt, an die wir uns in vielen anderen Ländern der Welt erinnern sollten. Er lehrte uns in einem Land, in dem eine gottlose Philosophie herrschte, dass wir nur dann stehen und nicht fallen, wenn wir das Blut Jesu in Anspruch nehmen. Das gilt überall, ob wir in einer Stadthalle arbeiten, in einer Schule oder in einer Kirche. Wo Jesus Christus nicht als der Erste und Höchste anerkannt wird, herrscht das Dunkel.

Seitdem haben wir es immer wieder erlebt, dass uns die gleiche Müdigkeit überfiel. In europäischen, in amerikanischen Städten lastete sie auf mir. Doch ich weiß, dass das nichts anderes bedeutet, als dass ich dann an einem Platz bin, wo der Satan herrscht. Aber lobt den Herrn – ich werde immer überwinden, wenn ich in der Kraft des Blutes des Lammes stehe.

Derer, die mit uns sind, sind viel mehr als derer, die gegen uns sind! (2. Könige 6,16)

10
Licht aus dem dunkelsten Afrika

Ich aber sage: Liebt eure Feinde! Betet für die, die euch verfolgen!
Matthäus 5,44

Thomas war ein hochgewachsener, schwarzer Mann, der zusammen mit seiner großen Familie in einer Rundhütte im Herzen Afrikas wohnte. Er liebte den Herrn und liebte die Menschen – eine unschlagbare Kombination.

Auf der anderen Seite der staubigen Straße wohnte sein Nachbar. Der hasste Gott und hasste die Menschen. Ja, sein Hass wurde so groß, dass er eines Nachts herüberschlich und an das Strohdach von Thomas' Hütte Feuer legte.

Drinnen schliefen die kleinen Kinder.

Das ereignete sich drei Nächte hintereinander und jedes Mal gelang es Thomas, rechtzeitig aus seiner Hütte herauszukommen und das Feuer zu ersticken. Er sagte kein einziges unfreundliches Wort zu seinem Nachbarn. Er erwies ihm Liebe. Er vergab ihm. Aber alles schürte nur den Hass jenes Mannes.

Wieder einmal war der Mann in der Nacht herübergeschlichen und hatte einen Brand gelegt. Aber in dieser Nacht wehte ein starker Wind und als Thomas versuchte, das Feuer auszuschlagen, sprangen die Funken über die Straße und setzten die Hütte des Nachbarn in Brand. Als Thomas das Feuer an seinem Dach gelöscht hatte, rannte er hinüber zum Nachbarn und half ihm bei der Bekämpfung des Feuers. Sie konnten die Hütte retten, aber dabei erlitt Thomas schwere Verbrennungen an seinen Händen und Armen.

Die Nachbarn, die das mit angesehen hatten, erzählten die Sache dem Häuptling, der sich darüber so erregte, dass er seine Polizei schickte und Thomas' Nachbarn verhaftete.

Wie an jedem Abend kam Thomas auch an diesem in die Versammlung, in der ich sprach. Ich sah seine verbundenen Hände und fragte, was geschehen sei. Zögernd erzählte er mir dann die Geschichte.

»Nun, das ist gut, dass der Mann jetzt im Gefängnis ist«, sagte ich. »Nun sind deine Kinder nicht mehr in Gefahr und du kannst ruhig schlafen.«

»Das stimmt«, sagte er. »Aber der Mann tut mir leid. Er ist ungewöhnlich begabt und nun muss er zusammen mit all diesen Kriminellen in einem schrecklichen Gefängnis sitzen.«

»Sollen wir für ihn beten?«, fragte ich.

Statt einer Antwort ließ sich Thomas auf die Knie nieder; er hielt seine verbundenen Hände hoch und betete: »Herr, ich beanspruche diesen Nachbarn für dich. Herr, gib ihm Freiheit und tue das Wunder, dass er und ich künftig ein Team werden, das in unserem Stamm das Evangelium weitersagt. Amen.«

So ein Gebet hatte ich noch nie gehört.

Zwei Tage später durfte ich das Gefängnis besuchen. Ich sprach über Gottes Liebe und Gottes Freude. Unter den Leuten, die gespannt zuhörten, war Thomas' Nachbar. Als ich fragte, wer Jesus in sein Herz aufnehmen wolle, hob dieser Mann als Erster die Hand.

Nach der Versammlung sagte ich ihm, wie sehr Thomas ihn liebe; wie er bei dem Versuch, auch sein Haus vor dem Feuer zu retten, seine Arme und Hände verbrannt habe; wie er gebetet habe, dass sie beide ein Team werden möchten, um das Evangelium weiterzusagen.

Der Mann weinte dicke Tränen. Er nickte und sagte:

»Ja, ja. So soll's werden!«

Als ich es am nächsten Tag Thomas erzählte, lobte er Gott und sagte: »Da siehst du es. Gott hat ein Wunder getan. Wir können nie zu viel von ihm erwarten.«

Sein Gesicht strahlte vor Freude, als er nach Hause ging.

Ich gehe gern in Gefängnisse und spreche gern mit Gefangenen. Ich glaube, es kommt daher, dass ich weiß, was es heißt, Gefangene zu sein.

Nachdem ich drei Wochen in Afrika gearbeitet hatte, wollte ich ein Gefängnis besuchen, das außerhalb der Stadt lag. Ich erkundigte mich bei der Gefängnisleitung, ob ich zu den Gefangenen sprechen dürfe. »Unmöglich«, sagte der Beamte. »Wir hatten einen Aufstand unter den Gefangenen hier. Das Gefängnis ist einen ganzen Monat geschlossen. Niemand darf zu den Gefangenen gehen oder gar eine Predigt hier halten.«

Das war eine Enttäuschung für mich. Aber ich wusste, dass Gott mich aus irgendeinem Grunde hierhin gebracht hatte. Ich blieb also stehen und sah den Beamten an. Dabei muss es ihm wohl etwas ungemütlich geworden sein, denn er sagte: »Wir haben hier ein paar politische Gefangene, zum Tode verurteilt. Wollen Sie zu ihnen sprechen?«

»Gewiss«, sagte ich.

Der Beamte rief drei schwer bewaffnete Soldaten, die mich auf dem Weg durch den langen Flur, vorbei an bewachten Türen, begleiteten und in eine Zelle führten, wo ein Mann auf einer niedrigen Pritsche saß. Außer dem Mann und der Pritsche war absolut nichts in dieser Zelle. Das einzige Licht kam aus einem schmalen Fenster hoch oben unter der Decke. Es war ein junger Mann mit schwarzer Haut und auffallend weißen Zähnen. Als er aufsah, füllten sich seine Augen mit Trauer. Was sollte ich hier sagen? »Herr«, betete ich, »gib mir etwas Licht für diesen Mann, der in dieser Finsternis sitzt.«

Schließlich fragte ich ihn: »Kennen Sie Jesus?«

»Ja«, sagte er langsam. »Ich habe zu Hause eine Bibel. Ich weiß, dass Jesus am Kreuz für die Sünden der Welt gestorben ist. Es ist lang her, da habe ich ihn als meinen Heiland angenommen. Das ging gut bis zu der Zeit, als ich mit der Politik anfing. Da hatte ich für nichts anderes mehr Interesse. Ich wollte, ich könnte noch mal von vorne beginnen. Aber es ist zu spät. In dieser Woche sterbe ich.«

»Es ist nicht zu spät, Freund«, sagte ich. »Kennen Sie den, der für Ihr Todesurteil verantwortlich ist?«

»Ich könnte Ihnen eine ganze Liste mit den Namen der Leute geben, die mich hierhergebracht haben«, antwortete er. »Ich kenne sie alle und hasse sie.«

Da öffnete ich meine Bibel und las ihm vor: »Aber wenn ihr den Menschen ihre Vergehungen nicht vergebt, wird auch euer Vater im Himmel euch nicht vergeben.« Ich schloss die Bibel und sah ihn an. »Wünschen Sie, dass der Vater im Himmel Ihnen vergibt, bevor Sie sterben?«

»Natürlich will ich das«, sagte er. »Mehr als alles in der Welt will ich das. Aber ich kann die Voraussetzungen dafür nicht schaffen. Ich kann nicht vergeben. Ich bin jung, stark und gesund. Ich habe eine Frau und Kinder. Diese Männer – diese Männer tun mir Unrecht und jetzt nehmen sie mir das Leben. Wie soll ich ihnen das vergeben?«

In seinen Augen war nichts als Verzweiflung und Hoffnungslosigkeit. Ich fühlte ein großes Mitleid mit ihm; ich liebte diesen armen Mann; aber ich wusste, ich musste stark bleiben, weil so viel für ihn davon abhing.

»Ich will dir eine Geschichte erzählen«, sagte ich. Und dann erzählte ich ihm meine eigene Geschichte, die Begegnung mit meinem früheren Bewacher in der Berliner Kirche, als der vor mir stand und mich um Vergebung bat.

»Damals fühlte ich eine große Bitterkeit in meinem Herzen aufsteigen«, sagte ich zu ihm. »Die ganzen Leiden meiner sterbenden Schwester standen wieder vor mir. Aber ich wusste, dass mich das Nicht-vergeben-Können mehr beschädigen würde als die Peitsche des Wärters. Damals schrie ich zu dem Herrn: ›Herr, ich danke dir, dass die Liebe Gottes ausgegossen ist in mein Herz durch den Heiligen Geist, danke, Herr, dass deine Liebe in mir das tun kann, was ich nicht fertigbringe.‹ In dem Augenblick, als ich dem Mann die Hand reichte, strömte die Liebe wie ein großer Strom durch mich hindurch, und ich konnte ehrlich sagen: ›Bruder, ich vergebe dir alles.‹«

Ich stand gegen die Wand gelehnt und sah auf den Afrikaner herab. »Ich hatte es nicht tun können«, fuhr ich fort. »Nein, ich konnte es nicht. Aber Jesus in mir, er tat es. Du musst wissen, du wirst niemals so aus dem Vollen schöpfen, wie wenn du deine

Feinde liebst. Dann ergießt sich ein Strom aus dem Ozean der Liebe Gottes über dich.«

Der Mann hörte immer noch zu und so erzählte ich ihm mehr von Jesus. Dann betete ich mit ihm. Ich sagte ihm, dass ich mich darauf freute, ihm drüben wieder zu begegnen, und ging.

Schon am nächsten Tag suchte mich eine Missionarin auf. Sie sagte, dass der Gefangene seiner Frau einen Brief geschrieben habe, und zwar unmittelbar, nachdem ich ihn verlassen hatte.

»Hasse nicht die Leute, die mich hierhin gebracht haben und denen ich meinen Tod verdanke«, schrieb er. »Sondern liebe sie. Vergib ihnen. Ich kann es nicht und du kannst es auch nicht, aber Jesus in uns kann es.«

In dieser Nacht schlief ich ganz entspannt. Ich wusste, warum mich Gott nach Afrika geführt hatte.

Auf meinen Reisen durch die Welt hatte ich schon viele Gefängnisse gesehen, aber das Gefängnis in Ruanda war das dunkelste und traurigste von allen. Die Männer waren alle schwarz, ihre Gefangenenkleider waren grau-schwarz, und sie saßen im Schlamm draußen auf dem Hof. Mit Papier, Zweigen, Bananenblättern versuchten sie sich zu schützen. Ihre Beine waren bis zum Knie mit Lehm bedeckt.

»Warum gehen sie nicht hinein?«, fragte ich meine Übersetzerin.

»Unmöglich«, flüsterte sie. »Hier sind so viele Gefangene, dass immer nur die Hälfte über Nacht ins Gebäude gehen kann.«

Ich sah den Männern ins Gesicht. Ihre Augen waren so finster wie ihre Haut. Es war derselbe Blick, den ich von Ravensbrück kannte – der Blick derer, in denen die Hoffnung gestorben war. Trauer. Verzweiflung. Hoffnungslosigkeit. Wut. Was sollte ich ihnen sagen? Was konnte ich, eine alte, holländische Frau, diesen armseligen Männern sagen? »Herr«, betete ich, »ich kann mit dieser Finsternis nicht fertig werden.«

»Nimm meine Verheißung von Galater 5,22 in Anspruch«, war die Antwort. Ich suchte die Stelle und las: »Wenn dagegen der Heilige Geist unser Leben beherrscht, wird er ganz andere Frucht in uns wachsen lassen: Liebe, Freude ...«

»Danke, Herr«, flüsterte ich. »Aber ich liebe diese Männer doch schon. Sonst wäre ich nicht hierher gekommen.«

Ich las weiter: »Wenn dagegen der Heilige Geist unser Leben beherrscht, wird er ganz andere Frucht in uns wachsen lassen: Liebe, Freude ...«

»Freude?«, fragte ich. »Hier in dieser Umgebung?« Und dann dachte ich an Nehemia, an das Wort: »Die Freude des Herrn ist eure Stärke.«

»Ja, Herr«, konnte ich nun sagen. »Das habe ich gebraucht. Das will ich jetzt in Anspruch nehmen. Gib mir diese versprochene Freude!« Und noch während ich betete, strömte sie in mein Herz. Die Last war plötzlich weg. Mein Herz wurde leicht, wie ein Strom ergoss sich die Freude auf mein inneres Sein, wie die steigende Flut bedeckte sie die salzigen Ufer meiner Depression und schwemmte die Verzweiflung einfach weg.

Kurz darauf wurde ich den Gefangenen vorgestellt. Sie saßen noch immer im Dreck und starrten mich hasserfüllt an. Übel riechender Dunst stieg auf. Stechfliegen schwärmten um ihre lehmverkrusteten Beine. Aber es fiel mir gar nicht mehr so schwer, von der Freude zu erzählen, die wir haben, wenn wir Jesus kennen. Und was für einen Freund wir in ihm haben; und dass er immer bei uns ist, dass er uns Freude gibt, wenn wir deprimiert sind; dass er uns die Kraft zum Guten gibt, wenn uns das Böse bedrängt, dass er uns mit seiner Kraft zur Vergebung erfüllt, wenn wir hassen; dass er uns Liebe schenkt …

Während ich redete, sah ich, wie sich einige Gesichter veränderten. Meine Freude schien auf einige übergesprungen zu sein. Aber ich wusste, was die anderen dachten: Wenn sie fertig ist, kann sie heimgehen, weg von diesem schmutzigen, stinkenden Gefängnis. Es ist leicht, über Freude zu reden, wenn man frei ist. Aber wir müssen hier bleiben …

Da erzählte ich ihnen meine Geschichte.

»In Ravensbrück war das Wecken morgens oft das Schlimmste vom ganzen Tag. Um halb fünf mussten wir in Blocks zu hundert Frauen – zehn Reihen lang und zehn Reihen tief – in klirrender Kälte draußen vor unseren Baracken stehen.

Im Konzentrationslager wurden niemals Namen genannt. Das gehörte zur systematischen Entpersönlichung des Gefangenen. Er sollte das Gefühl für die eigene Würde verlieren, für seinen Wert vor Gott und Menschen. Ich war die Gefangene Nr. 66 730.

Das Verlesen der Nummern dauerte manchmal drei Stunden, und jeden Tag ging die Sonne ein bisschen später auf und der eiskalte Wind blies ein bisschen härter. Während wir im Grau der Dämmerung standen, versuchte ich mir mit zitternden Lippen Verse der Schrift vorzusagen, die mir gerade ins Gedächtnis kamen, Verse wie: ›Was kann uns scheiden von der Liebe Christi? Trübsal oder Angst oder Verfolgung oder Hungersnot oder Nacktheit oder Gefahr oder Schwert? Wie geschrieben steht: Um deinetwillen werden wir getötet den ganzen Tag, sind wir geachtet worden wie Schlachtschafe. Aber in diesem allen überwinden wir siegend durch Jesus, der uns bis zum Tod am Kreuz geliebt hat.‹

Aber dann kam eine Zeit, in der das Wiederholen von Bibelworten nicht mehr half. Ich brauchte mehr und betete: ›Ach Gott, offenbare dich doch irgendwie!‹

Eines Tages sank eine Frau unmittelbar vor mir zu Boden. Sofort stand eine junge Wärterin vor ihr, mit der Peitsche in der Hand, und schrie: ›Steh auf. Glaubst du, du könntest dich hier einfach hinlegen, wenn alle anderen stehen!‹ Es war unerträglich. Ich konnte nicht mehr hinsehen. Das ist sicher das Ende, dachte ich.

Da begann hoch oben am Himmel eine Lerche zu singen. Der süße, reine Klang der Vogelstimme veränderte die Härte und Kälte dieses Morgens. Alle Köpfe hoben sich weg von der Unmenschlichkeit, die sich da vor uns abspielte. Alle hörten auf das Lied der Lerche, die über dem Krematorium hochstieg. Mir gingen die Worte des Psalmisten durch den Kopf: ›Denn so hoch der Himmel über der Erde ist, so groß ist seine (Gottes) Güte gegen die, die ihn fürchten.

Gott hatte mir ein neues Erlebnis gegeben und ein neues Wort. Er hatte sich offenbart.«

Ich sah auf die Männer, die hier vor mir saßen. Ich konnte die Dunkelheit und die Wut in ihren Gesichtern nicht mehr finden. Sie hörten aufmerksam zu. Da sprach ja jemand zu ihnen, der kannte, was sie jetzt durchmachten. Der da gewesen ist, wo sie jetzt waren. Ich fuhr fort: »Dort, in jenem Gefängnis, sah ich die Dinge von Gottes Seite aus. Die Wirklichkeit der Liebe Gottes war so handgreiflich wie die Grausamkeit der Menschen. Aber die Liebe Gottes war tiefer und größer als der tiefste Hass der Menschen. In den folgenden drei Wochen erschien jeden Morgen genau zur Zeit, als unsere Nummern verlesen wurden, die Lerche.

In ihrem süßen Gesang hörte ich den Ruf Gottes, meine Augen von den Grausamkeiten der Menschen wegzuwenden, auf den Ozean seiner Liebe zu blicken.

Ein jüdischer Arzt, Victor Frankl, litt noch viel mehr im Konzentrationslager als ich. Er schrieb ein Buch und am Schluss des Buches stehen folgende Worte: »... wir müssen zu der Erkenntnis kommen, dass der Mensch der eine ist, der die Gaskammern von Auschwitz erfunden hat, aber auch der andere, der in diese Gaskammern hineingegangen ist mit dem Gebet des Herrn oder dem *Sch'ma Jisrael* auf seinen Lippen.«

Die Männer sahen abwechselnd auf mich und auf den Übersetzer. Der Geist Gottes arbeitete durch uns beide. Er arbeitete auch an den Männern. Überall sah ich Freude in ihren Gesichtern.

Ich sprach sie jetzt direkt an: »Sagt, Männer, wisst ihr, dass Jesus in euren Herzen leben will? Er sagt: ›Ich stehe vor der Tür deines Herzens und klopfe an. Wenn einer meine Stimme hört und die Tür aufmacht, dann trete ich ein.‹ Denkt doch: Dieser Jesus liebt euch. Er will in eurem Herzen leben und in diesem ganzen Morast euch Freude schenken. Und wer das will, der hebe doch jetzt seine Hand.«

Ich sah mich um. Alle Männer, einschließlich der Wärter, hielten ihre Hand hoch. Ich konnte es kaum glauben, aber ihre Gesichter spiegelten eine solche Freude wider, die nur vom Heiligen Geist kommen konnte. Als ich das Gefängnis verließ und zum Wagen zurückkehrte, begleiteten mich alle Männer. Die Wärter schienen keine Sorge zu haben, als sie alle um mich herumschwärmten. Sie hielten sie noch nicht einmal zurück, als sie durch das Tor gingen und um meinen Wagen herumstanden. Als ich einstieg, begannen die Männer etwas zu rufen und zu singen, immer und immer wieder die gleichen Wörter. »Was rufen sie?«, fragte ich die Missionarin, die mich übersetzte.

»Komm wieder, alte Frau, komm wieder und erzähle uns mehr von Jesus!« Sie schwieg eine Weile. Dann fuhr sie fort: »Ich muss gestehen, ich glaubte, dieser Platz sei zu dunkel für das Licht des Evangeliums. Ich bin hier früher schon einmal gewesen und war von alledem so erschüttert, dass ich nie mehr hierhin zurückwollte. Jetzt, als Ihre Übersetzerin, habe ich gesehen, was der Heilige Geist tun kann. Die Freude des Herrn ist da, auch an einem Platz wie diesem. Ich will jetzt jede Woche zurückkommen und ihnen von Jesus erzählen.«

Monate später erhielt ich einen Brief, in dem sie schrieb: »Die Furcht ist gegangen. Die Freude bleibt.«

11
Gott wird für alles Nötige sorgen

> Nehmt kein Geld mit, auch kein Gepäck, ja nicht einmal ein zweites Paar Sandalen. Und haltet euch unterwegs nicht auf, um jemanden zu grüßen … Bleibt an einem Ort und esst und trinkt, was man euch anbietet. Zögert nicht, Gastfreundschaft anzunehmen, denn wer arbeitet, hat auch Lohn verdient …
> *Lukas 10,4.7*

Mit dem Geld, das ich für meinen Dienst erhalte, unterstütze ich andere Arbeiten, auch die Übersetzung von Bibeln und Büchern in viele Sprachen der Welt. Deshalb meinen viele Christen, ich sollte im Blick auf das Geld nicht so zurückhaltend sein. Aber von Anfang meines Dienstes an habe ich es für falsch gehalten, Geld zu erbitten. Noch nicht einmal für die Reisekosten. Ich wollte nicht für einen Dienst bezahlt werden, der nur eine Rückerstattung dessen ist, was Gott mir geschenkt hat. Ich wollte das Evangelium predigen und den Herrn für mich sorgen lassen.

Diese Lektion lernte ich schon in den Anfängen meines Reisedienstes. Ich war damals in England und sprach über das Lager bei Darmstadt, jenes frühere Gefangenenlager, das ich erworben hatte, um deutschen Flüchtlingen zu helfen. Meine Gastgeber hatten mich gebeten, darüber zu sprechen. Sie meinten, die Hörer würden sich gern an dieser Arbeit beteiligen, und wie das so ist, wenn es sich um geographisch weit entfernte Hörer handelt, dachten sie an Fürbitte und finanzielle Unterstützung.

Nach der Versammlung kam eine würdige, geschmackvoll gekleidete Dame auf mich zu und händigte mir einen Scheck über einen ziemlich hohen Betrag aus. Das Geld war für diese Arbeit bestimmt. »Was ich über Ihre Arbeit hörte, hat mich sehr interessiert«, sagte sie.

»Was denken Sie über die anderen Fragen, über die ich gesprochen habe?«, fragte ich. »Ist es in Ihren Augen wichtig, sich damit zu befassen?«

Als sie mich etwas irritiert ansah, fuhr ich fort: »Es ist natürlich eine gute Sache, Geld für eine evangelistische Arbeit zu geben. Aber ich sprach heute über Bekehrung. Gott zielt nicht auf einen kleinen Anteil von Ihrem Geld ab. Er will Ihr ganzes Herz. Er will Sie ganz in Besitz nehmen ...«

Während ich sprach, kam ein überheblicher, stolzer Zug in ihre Augen. Mit einer überlegenen Geste warf sie sich die Stola um die Schultern und ging, ohne mich einer Antwort zu würdigen, hinaus. Ich hatte ihr den Scheck zurückgegeben. In meinem Zimmer sah ich traurig auf die anderen Schecks, die mir ausgehändigt worden waren. Was wollte mir Gott mit diesem Erlebnis sagen? War es falsch, dass ich über meine Arbeit gesprochen hatte, während mir doch so sehr daran lag, dass sich die Leute bekehrten und dass sie ihren Feinden vergaben? War es falsch, dem Rat der Freunde zu folgen und Kollekten für meinen Dienst anzunehmen? Ich kniete mich hin, um zu beten. Gott sah meine Not. Die Antwort vom Herrn war eindeutig: Von nun an sollte ich nie mehr nach Geld fragen. Da kam eine große Freude in mein Herz und ich betete:

»Himmlischer Vater, du weißt, dass ich mehr Geld brauche als je zuvor. Aber ab heute will ich niemanden und niemals mehr um einen Pfennig bitten. Ich will keine finanziellen Garantien haben, wenn ich irgendwohin fahre, nicht für Reisespesen oder Unterkunft; ich will dir vertrauen in dem Glauben, dass du mich niemals im Stich lassen wirst.«

Ich nahm zwei Briefe in die Hand, die gekommen waren und die ich noch nicht geöffnet hatte. Der eine kam von einer Frau aus der Schweiz. Sie schrieb: »Corrie, Gott zeigte mir, dass du nie mehr um Geld bitten sollst.«

Der andere Brief war von meiner Schwester in Holland. Sie schrieb: »Als ich heute Morgen für dich betete, machte Gott mir klar, dass du niemals mehr über deine finanziellen Bedürfnisse sprechen sollst. Er wird nach jeder Richtung hin für dich sorgen.«

Da musste ich an die Nacht im KZ von Ravensbrück denken, als meine Schwester Betsie mit mir über künftige Arbeiten sprach. »Corrie, wir sollen uns nie Sorgen um das Geld machen«, sagte sie damals. »Gott wird für alle unsere Bedürfnisse sorgen.« Damals erinnerte sie mich an die Kühe auf Gottes tausend Bergen.

Viele Jahre später musste ich an dieses Prinzip erinnert werden. Ich war in einer schwierigen Situation. Ich wusste, dass ich nach Russland gehen sollte. Die Kosten für zwei Personen beliefen sich auf ungefähr 5000 Gulden, aber ich hatte nur noch etwa 3000 Gulden auf der Bank. Die Weisung Gottes war klar. Die Höhe des Bankkontos aber auch.

»Herr«, betete ich, »was soll ich tun? Du willst, dass ich nach Russland gehen soll. Aber du siehst: Ich brauche noch 2000 Gulden.«

Damals dachte ich, es sei Gottes Wille, dass ich jetzt an ein paar wohlhabende Freunde schrieb und ihnen mitteilte, wo mich der Schuh drückte. Ich würde sie bitten, mir das Geld für die Flugtickets zu schicken. Stattdessen erhielt ich den sehr klaren inneren Befehl: »Gib 2000 Gulden weg!«

»O nein, Herr«, sagte ich. Ich saß in meinem Appartement in Baarn und hatte die Kontoauszüge vor mir liegen. »Du hast mich nicht verstanden. Ich sagte nicht, dass ich 2000 Gulden weggeben wolle. Ich sagte, dass ich sie brauche und dass ich irgendjemanden suche, der mir das Geld gibt. Sonst kann ich nicht nach Russland gehen.«

Gott hört selten auf meine Argumente. Er wartete, bis ich meine Einwände genannt hatte, und dann wiederholte er seinen Befehl: »Gib 2000 Gulden weg.« Aber jetzt nannte er auch den Empfänger: eine missionarisch arbeitende Gruppe, die in Not geraten war.

Ich konnte es nicht verstehen, dass irgendjemand anderes das Geld jetzt dringender brauchte als ich. Aber ich gab die »Weisheit der Weisen« dran, setzte mich hin und schrieb einen Scheck für diese Gruppe aus. Und ich reduzierte damit mein Bankkonto auf 1000 Gulden.

Ein paar Stunden später ging ich noch einmal zum Briefkasten, um nachzusehen, ob Post gekommen war. Unter den Briefen war einer meines amerikanischen Verlegers, mit dem ich erst vor vierzehn Tagen den Vertrag abgeschlossen hatte. Ich öffnete den Briefumschlag und als ich den Brief herausnahm, flatterte ein Scheck auf den Boden. Es war eine Vorauszahlung, Geld, mit dem ich gar nicht gerechnet hatte, denn er hatte noch nicht einmal das vollständige Manuskript.

Ich sah auf die Summe. Es war genau der Betrag, den ich brauchte: umgerechnet 4000 Gulden!

Gott nimmt das Verbot, um Geld zu bitten, sehr ernst, genauso ernst, wie er es mit seiner Zusage meint, dass er für uns sorgen will. Wenn wir uns jedoch selbst um das Geld bemühen wollen, lässt Gott uns das natürlich tun. Aber er ist dann eben nicht dabei. Es wird uns immer wieder gelingen, mithilfe unserer Überredungskunst oder auch nur durch beharrliches Bitten zu großen Geldsummen zu kommen. Aber dabei entgeht uns der viel größere Segen, der darin liegt, dass wir ihn, entsprechend seinem Reichtum, für uns sorgen lassen. Und als ich das im Blick auf die erforderlichen 2000 und dann 4000 Gulden erlebte, war mir klar, dass Gott uns immer mehr gibt, als wir bitten können. Ich wollte jetzt lieber das vertrauende Kind eines reichen Vaters sein als ein Bettler an der Tür reicher Leute.

Ja, der Herr ist nicht nur mein Hirt; er ist auch mein Schatzmeister. Er ist auch mein Reiseleiter. Manchmal testet er meinen Glauben. Aber wenn ich ihm gehorche, dann kommen Geld und andere notwendige Dinge immer zur rechten Zeit.

Das erlebte ich auch auf meiner ersten Reise in den Fernen Osten. Damals kam ich bis Formosa. In Taipeh ging ich zum Reisebüro und bestellte die Flugtickets für die Rückreise: Hongkong, Sydney, Wellington in Neuseeland, Johannisburg, Kapstadt, Tel Aviv, Barcelona, Amsterdam. Die junge Chinesin notierte alles gewissenhaft und fragte dann:

»Und Ihr Endziel?«

Wir sprachen Englisch miteinander und so sagte ich: »Heaven!«

»Wie schreibt man das?«

Ich buchstabierte und sie schrieb: »Heaven.«

Plötzlich verstand sie, dass ich »Himmel« gesagt hatte, und lachte: »Nein, das habe ich nicht gemeint«, sagte sie.

»Aber es ist mein voller Ernst! Nur – dafür brauche ich keinen Flugschein zu bestellen. Den habe ich schon.«

»Sie haben ein Ticket für den Himmel?«, fragte sie erstaunt.

»Wie haben Sie denn das bekommen?«

Ich sah ihr Interesse und fuhr fort: »Vor 2000 Jahren kaufte einer für mich das Ticket. Ich brauchte es von ihm nur anzunehmen. Sein Name ist Jesus. Er hat die Reise für mich bezahlt, als er am Kreuz für meine Sünden starb.«

Der chinesische Angestellte am nächsten Schreibtisch, der offensichtlich unsere Unterhaltung verfolgt hatte, sah jetzt auf und sagte:

»Was die alte Dame sagt, stimmt.«

»Haben Sie sich auch schon einen Platz im Himmel reservieren lassen?«, fragte ich ihn.

Er lächelte und nickte fröhlich. »Ja, das habe ich. Vor vielen Jahren, damals lebten wir noch auf dem Festland, habe ich Jesus als meinen Erlöser angenommen. Ich bin ein Kind Gottes und weiß, dass für mich im Hause meines Vaters ein Platz reserviert ist.«

»Dann sind Sie ja mein Bruder«, sagte ich und gab ihm die Hand. Dann wandte ich mich wieder der jungen Angestellten zu: »Wenn Sie irgendwohin fliegen wollen«, sagte ich zu ihr, »und Sie haben nicht vorher gebucht, dann kann es ja sein, dass aus dem Flug nichts wird. Oder es gibt Schwierigkeiten. Wenn Sie keinen Platz im Himmel gebucht haben, könnten die Schwierigkeiten unüberwindlich sein. Ich hoffe, dass mein junger Bruder hier sich nicht damit beruhigt, dass er selbst gebucht hat, sondern dass er Ihnen hilft, die Vorbestellung im Himmel perfekt zu machen.«

Der Chinese lächelte mir zu und nickte. Ich wusste, dass er jetzt, da die Tür offen war, seiner jungen Kollegin helfen würde, und verließ mit einem guten Gefühl im Herzen das Reisebüro: Gott würde die Reise sicher segnen, die schon so gut begonnen hatte.

Ich ging in mein Zimmer zurück und sah die Tickets noch einmal durch. Da stellte ich fest, dass das Mädchen einen Fehler gemacht hatte. Sie hatte die Route geändert. Ich hatte bestellt: Sydney/Kapstadt/Tel Aviv, und nun stand da: Sydney/Tel Aviv/Kapstadt. Ich ging sofort an den Apparat und sprach mit ihr:

»Warum haben Sie den Reiseplan geändert?«, fragte ich.

»Mein Chef will, dass ich erst nach Kapstadt und dann nach Tel Aviv gehe, und Sie haben die Reihenfolge umgekehrt. Gott ist mein Herr und ich muss ihm gehorchen.«

»Dann hat Gott einen Fehler gemacht«, sagte sie halb ernst, halb im Scherz. »Es gibt nämlich keine direkten Flüge von Australien nach Südafrika. Die Entfernung ist zu groß, man braucht Inseln, wo man landen und auftanken kann. Deshalb müssen Sie zuerst nach Tel Aviv und dann nach Kapstadt fliegen.«

»Nein«, widersprach ich. »Das kann nicht sein. Ich muss tun, was mein Chef mir sagt. Dann muss ich eben um eine Insel im Ozean beten. Es geht nicht anders. Ich muss erst nach Südafrika und dann nach Israel gehen.«

Wir lachten beide und legten auf.

»Herr«, betete ich, »wenn ich mich verhört haben sollte, wenn du tatsächlich willst, dass ich erst nach Tel Aviv und dann nach Kapstadt gehen soll, dann musst du mir das bitte zeigen. Aber wenn ich dich richtig verstanden habe, dann musst du etwas tun und den Weg ebnen.«

Eine Stunde später rief das Mädchen zurück.

»Haben Sie tatsächlich um eine Insel im Indischen Ozean gebetet?«, fragte sie ungläubig. Und bevor ich antworten konnte, fuhr sie fort: »Ich habe gerade ein Telegramm bekommen, dass die *Quantus*-Fluggesellschaft seit vorigem Monat eine direkte Flugstrecke Melbourne/Johannisburg eröffnet hat. Sie haben auf den Kokosinseln einen Zwischenlandeplatz gepachtet. Sie können also ohne Weiteres die von Ihnen geplante Route fliegen.«

Es ist gut, wenn man weiß, dass Gott keine Fehler macht.

Das hatte ich doch nun mit Händen greifen können. Aber wirklich begriffen hatte ich es wohl nicht.

Ein paar Tage später – wir waren inzwischen in Sydney angekommen – flogen wir zu einem kurzen Dienst nach Oakland in Neuseeland und kamen dabei in eine Lage, in der mir die Erfahrung von Formosa sehr gut hätte helfen können.

Ich war nur vier Tage in Oakland, nahm also nur die Sachen mit, die ich unbedingt brauchte, und ließ die anderen Koffer bei meinen Freunden in Sydney. Zu den Reiseutensilien gehörten noch meine Notizbücher, Bibeln, ein paar andere Bücher und Farbfotos. Die Fotos, die ich in vielen Ländern aufgenommen hatte, und die Manuskripte meiner Predigten waren mir kostbar. Obwohl ich mich selten an meine Manuskripte halte, fühle ich mich doch sicherer, wenn sie vor mir liegen. Meine Freunde spötteln, ich ginge mit drei Bibeln und fünf Notizbüchern ans Rednerpult. Ich meine, sie übertreiben. Aber ich treffe so viele Menschen und nehme so viele Ideen auf, dass ich mich unmöglich an sie alle erinnern kann. So versuche ich, sie in meinen Notizbüchern bei mir zu haben.

Auf dem Flughafen in Sydney beobachtete mich einer der Piloten, wie ich mich mit meinem schweren Koffer plagte.

»Ich habe ganz kurz noch etwas im Turm zu erledigen«, sagte er freundlich, »dann bringe ich den Koffer zu Ihrem Sitz.«

Zögernd überließ ich ihm mein Gepäck. Es enthielt die wichtigsten Dinge, die ich für den Rest der Reise brauchte; schwarz auf weiß waren es die Erfahrungen meines Lebens.

»Sie brauchen keine Sorge zu haben«, sagte der Mann, als er mein Zögern merkte. »Ich werde noch vor Ihnen in der Maschine sein. Sie werden also Ihr Gepäck vorfinden, wenn Sie an Ihrem Platz ankommen.«

Einige Minuten später wurden wir zur Maschine geführt. Ich eilte an meinen Platz. Das Gepäck war nicht da. Aufgeregt rief ich nach der Stewardess. Sie versicherte mir, dass das Gepäck mit dem Rest der anderen Koffer verstaut und vollkommen sicher sei. Obwohl ich mich um Gelassenheit bemühte, als ich mich zurücksetzte und anschnallte, blieb doch ein unangenehmes Gefühl.

Die Maschine landete in Melbourne, bevor es über die Tasmansee nach Neuseeland ging. In Melbourne erwartete mich ein Funkspruch. Mir erging es wie Hiob: Was ich am meisten befürchtet hatte, war geschehen: Der Funkspruch kam von Sydney. Dort stand ein Koffer von Corrie ten Boom.

Ich war enttäuscht – und verärgert. »Kann er nachgeschickt werden?«, fragte ich den Telefonisten.

»Tut mir leid«, antwortete er. »Das Einzige, was wir machen können, ist, dass wir ihn mit der nächsten Maschine nach London schicken. Von dort geht er dann nach Rom, Tel Aviv und …«

»Oohhh«, grollte ich und hieß ihn mit einer Handbewegung, von der er natürlich nichts sah, schweigen. »Davon habe ich gar

nichts. Er enthält mein ganzes irdisches Besitztum und ist noch nicht einmal verschlossen. Sie sollen ihn in Sydney aufbewahren. Ich komme in vier Tagen zurück. Bis dahin habe ich nichts bei mir, noch nicht einmal eine Zahnbürste!«
Ich ging in die Maschine zurück und ließ mich in den Sitz fallen, ich war niedergeschlagen, ärgerlich und voller Groll.

Als ich noch nichts davon wusste, auf dem Flug von Sydney nach Melbourne, hatte ich der Stewardess meinen Glauben an Jesus Christus bezeugt. Ich hatte ihr gesagt, dass Jesus in jeder Situation Sieger sei und dass er uns die Kraft gebe, in allen Situationen ihn zu preisen. Aber jetzt war in mir nichts, was bereit gewesen wäre, ihn zu preisen. Als ich aufsah, beugte sich die Stewardess über mich.

»Es muss wunderbar sein, wenn man Christ ist, gerade in solchen Situationen«, sagte sie. »Die meisten Menschen würden doch jetzt nur ärgerlich sein und voller Vorwürfe.«

Ich zwang mich zu einem Lächeln und sagte: »Es wird schon zu irgendetwas gut sein. Für Kinder Gottes gibt es keine Zufälle.«

Es war die reine Wahrheit, die ich da aussprach, aber sie hatte keinen Bezug zu mir. »Sieg in jeder Situation« – nein, in mir war kein Sieg. In mir war Groll. In diesem Augenblick überschwemmte er mich.

Es war schon später Abend, als die Maschine Melbourne verließ. Ich versuchte, mich für den Nachtflug einzurichten, und dachte daran, dass unter uns das Meer war und dass uns nur die Maschinen des Flugzeugs in der Luft halten würden. Ich versuchte zu schlafen, und zwischen Wachen und Schlafen schreckte mich Rauch auf. Die anderen Passagiere waren auch wach und einige von ihnen standen im Gang. Auf manchen Gesichtern sah ich Schrecken. Da stand schon die Stewardess neben mir.

»Ich habe gute Nachrichten für Sie«, sagte sie sanft. »Wir fliegen nach Sydney zurück und holen Ihr Gepäck.«

»Ja, das hört sich gut an«, sagte ich. »Ist es sehr gefährlich?«

»Nein«, sagte sie lächelnd und rückte mein Kissen zurecht, »wir haben Schwierigkeiten mit der Hydraulik. Es ist keine Gefahr.«

Ich sah, wie sie von Sitz zu Sitz ging und den Passagieren versicherte, es sei keine Gefahr. Ich fragte den Mann in dem Sessel neben mir, was das bedeute: »Hydraulische Schwierigkeiten«.

»Das ist schlimm«, sagte er. »Alle Mechanismen des Flugzeugs hängen vom hydraulischen System ab. Die Flügelklappen, die Steuerung, sogar das Landegestell sind abhängig vom Funktionieren des hydraulischen Systems. Ein Kurzschluss in diesem System kann zur Folge haben, dass der Pilot die Kontrolle über die Maschine verliert.«

Ich setzte mich wieder zurück und warf einen Blick aus dem Fenster. Unter uns war die Schwärze der Tasmansee. Es roch stark nach Rauch. Ich hatte keine Angst vor dem Tod. Wie oft hatte ich ihn vor Augen gehabt. Ich erinnerte mich an Moody, der gesagt hat: »Für ein Kind Gottes ist das Tal der Todesschatten nicht finster. Es muss dort ein Licht geben, sonst könnten keine Schatten sein. Jesus ist das Licht. Er hat den Tod besiegt.« Aber in mir war kein Licht. Meine Beziehung zu Gott war gestört, weil meine Beziehung zu den Menschen gestört war. In meinem Herzen saß der Groll fest und ich wusste, dass ich ihn aufgeben musste, dass ich vorher noch nicht einmal beten konnte. Ich drückte mich noch tiefer in das Polster und öffnete Gott mein Herz und bekannte ihm meinen Groll wegen meines Koffers (den ich nicht mehr brauchen würde, wenn wir gleich ins Meer abstürzten) und bat ihn, mir zu vergeben. Dann betete ich: »Herr, vielleicht werde ich dich schon bald sehen. Ich danke dir, dass du mich mit dem Blute des Lammes von allen meinen Sünden gereinigt hast.«

Dann öffnete ich meine Augen und sah mich um. »Und die andern?«, fragte ich mich. »Ob sie auf den Tod vorbereitet waren?« Keiner schlief. Alle saßen alarmbereit auf ihren Plätzen. Eine Frau beschäftigte sich mit ihrem Make-up. Wie verrückt! Ich schüttelte den Kopf. Etwas in mir drängte mich, aufzustehen und zu den Menschen um mich herum zu sagen: »Freunde, vielleicht stehen wir jetzt an der Schwelle zur Ewigkeit. Wissen Sie, wohin Sie gehen? Sind Sie bereit, vor Gott zu treten? Noch ist es Zeit, den Herrn Jesus anzunehmen ...«

Aber ich sagte nichts. Mich verlangte danach, sie zu nötigen, dass sie zu Jesus Christus kamen. Aber ich konnte es nicht. Ich schämte mich des Evangeliums unseres Herrn Jesus Christus. Und nicht nur das: Ich hatte Angst.

Am Ende landeten wir – sanft und sicher – in Sydney. Ich hatte meinen Koffer wieder, aber ich konnte mich nicht so richtig freuen. Ich wusste zwar, dass mein Groll vergeben war, aber ich hatte mich des Herrn Jesus geschämt. Im Flughafengebäude fand ich einen Platz, ich setzte mich hin, senkte meinen Kopf und schloss die Augen.

»Lieber Herr, ich bin keine gute Missionarin. Ich habe versagt. Ich stand direkt an der Schwelle zur Ewigkeit und habe keinen gewarnt.« Ich öffnete eines meiner Notizbücher und las eine Randbemerkung, die vier Jahre alt war. Da stand: »Mit anderen durch die Wüste reisen, unter dem Durst leiden, eine Quelle finden, daraus trinken, ohne den anderen etwas davon zu sagen, damit auch sie gerettet werden, das ist dasselbe, wie wenn sich einer im Glauben an Christus freut und andern nichts von ihm sagt.« »O Herr«, weinte ich. »Schick mich nach Hause. Ich will wieder Uhren reparieren. Ich bin es nicht wert, dass du mich als deine Evangelistin aussendest.«

Während ich dasaß und wie Jeremia versuchte, meinen Auftrag zurückzugeben, sah ich einen Mann auf mich zukommen, einen jüdischen Arzt, wie sich später herausstellte.

»Ich habe Sie im Flugzeug beobachtet«, sagte er. »In der Zeit, als wir wussten, in welcher Gefahr wir schwebten. Sie waren weder ängstlich noch unruhig. Was ist Ihr Geheimnis?«

Gab mir Gott noch eine Chance?

»Ich bin Christ«, sagte ich fröhlich. »Ich kenne Jesus, den Messias, den Sohn Gottes. Er starb am Kreuz für meine Sünden. Für die Ihren auch. Wenn unser Flugzeug gebrannt hätte und in die See gestürzt wäre, dann wüsste ich, dass ich in den Himmel gehen würde.«

Er setzte sich zu mir und dann sprachen wir eine lange Zeit miteinander. Nachdem er sich für ein paar Minuten entschuldigt hatte, kam er zurück und sagte: »Ich muss mehr über diesen Jesus hören, der Ihnen so viel Frieden gegeben hat.«

Viermal stand er auf, ging weg und kam wieder mit denselben Worten: »Sagen Sie mir mehr über Jesus!«

Ich sagte ihm, dass Jesus uns Sieg über den Satan gibt, dass Jesus uns versprochen hat, uns Wohnungen im Himmel vorzubereiten, dass er allen denen, die an ihn glauben, die Macht gibt, Kinder Gottes zu werden.

Der Arzt nahm das alles in sich auf und am Ende sagte er, ich hätte ihm viel Stoff zum Nachdenken gegeben.

Als er mich verlassen hatte, dankte ich dem Herrn, meinem Schatzmeister und Reiseleiter, dafür, dass er mir genug gegeben hat, um den Hunger eines seiner Kinder zu stillen. Ich dankte ihm auch dafür, dass er mir nach alldem, was er mit mir auf dem Flug erlebt hatte, erlaubte, dies zu tun. Und im Verlauf der weiteren Wochen lernte ich eine neue wichtige Lektion in der Schule des Lebens: »Wenn ich schwach bin, dann bin ich stark.« (2. Korinther 12,10).

12
Gehorsam

Ihm zu gehorchen ist sehr viel besser als ein Opfer darzubringen.
1. Samuel 15,22

Wenn du weißt, dass du von einem Gott geführt wirst, der keine Fehler macht, dann ist es leicht, ihm zu gehorchen. Als Conny und ich in Afrika waren, hatte ich eines Tages während unserer stillen Zeit das Gefühl, Gott wolle, dass wir Afrika verließen.

»Herr, wohin sollen wir gehen?«, fragte ich.

»Argentinien«, kam tief in meinem Herzen die Antwort. Argentinien? Ich war noch nie in Argentinien gewesen. Ich konnte kein Wort Spanisch sprechen. In jenen Jahren gab es noch wenig Luftlinien von Afrika über den Atlantik und die Flugreise nach Buenos Aires würde ein Abenteuer, möglicherweise ein tragisches, werden können. Trotzdem – als ich so vor dem Herrn saß, wurde das Wort Argentinien immer größer.

»Ja, aber …«, begann ich zu antworten. Dann erinnerte ich mich, dass der Gehorsam niemals »ja, aber …« sagt, sondern immer »ja, Herr«.

Vor einigen Monaten hatte mir ein Missionar mit Namen Breson geschrieben und gefragt, ob ich bereit wäre, in seiner Kirche zu sprechen, wenn ich jemals nach Argentinien käme. Ich hatte keine rechte Vorstellung von Herrn Breson und mich infolgedessen auch nicht so sehr mit dieser Einladung beschäftigt. Aber nun, als der Herr so deutlich zu mir gesprochen hatte, setzte ich mich hin und schrieb an Herrn Breson einen Brief. Ich bat ihn, uns in Buenos Aires zu erwarten und einige Versammlungen für mich zu organisieren.

Als er nach einem Monat immer noch nicht geantwortet hatte, fragte Conny: »Bist du deiner Sache wirklich sicher? Ist es Gottes Führung, dass wir nach Argentinien gehen? Vielleicht lebt dieser Mann Breson gar nicht mehr in Buenos Aires. Was machen wir dann?«

Ich streckte meinen Arm aus und nahm Connys Hand. »Ja«, sagte ich, »ich weiß, dass es Gottes Wille ist. Wir sollen nach Argentinien gehen. Vor einigen Jahren sagte mir Gott, dass ich nach Japan gehen sollte. Ich hatte kein Geld. Ich kannte keinen Menschen in Japan. Ich konnte kein Wort Japanisch sprechen, aber ich wusste, dass Gott mich führte. Und am Ende hatte ich genug Geld für den Flug nach Tokio. Und als ich an einem dunklen, regnerischen Abend in diesem wildfremden Land aus der Maschine kam, sagte ich: ›Hier bin ich, Herr. Und was nun?‹ Ich dachte daran, dass ein guter Bekannter mit Jugend für Christus hier war: David Morken. Er fand für mich ein Zimmer und weil ich Gott gehorcht hatte, öffnete er mir viele Türen zum Dienst. Damals war ich allein. Aber jetzt habe ich dich. Nein, ich weiß, dass wir nach Argentinien gehen sollen.«

Die Maschine flog viel länger, als wir erwartet hatten. Die Verbindungen waren schlecht und so mussten wir einen ganzen Tag auf einem heißen, staubigen afrikanischen Flugplatz bis zur nächsten Maschine warten, die uns an die Westküste bringen würde, von wo aus wir zum Flug über den Atlantik starten wollten. Es war fast Mitternacht, als wir unser letztes Flugzeug bestiegen, und ich konnte es an Connys Gesicht ablesen, wie ängstlich sie war. Aber ich war sicher, es war Gottes Führung.

Endlich erreichten wir den Flughafen von Buenos Aires. Ich sah auf die Hunderte der hin- und hereilenden Menschen in der Hoffnung, das Gesicht von Herrn Breson zu finden, aber er war nicht da.

Conny und ich kämpften mit unserem Gepäck, als uns einer der Männer am Schalter in gebrochenem Englisch fragte, ob er uns beim Weitertransport helfen könne.

»Ich weiß noch nicht, wohin wir fahren«, sagte ich.

Conny schaute besorgt drein. Ich konnte ihre Gedanken lesen: »Bist du wirklich so sicher, dass es Argentinien ist, wo wir nach Gottes Willen arbeiten sollen?«

Wir waren von den nächtlichen Flügen und dem Wartetag auf jenem heißen afrikanischen Flughafen noch ganz erschöpft. Wir stellten unsere Koffer zusammen, ich setzte mich darauf und bat Conny: »Sieh doch mal nach, ob du ein Taxi findest. Vielleicht gibt es hier ein Hotel vom CVJM.«

Aber es gab kein Taxi. Es war drückend heiß. Schließlich fragte ich einen Mann: »Wissen Sie, ob es hier ein CVJM-Hotel gibt?«

Der Mann starrte mich verständnislos an und ging weiter. Ich konnte in Holländisch, Deutsch und Englisch reden, aber keine dieser Sprachen half uns hier heraus. Wir saßen auf unseren Koffern und starrten auf den strömenden Verkehr unten auf der Straße.

»Tante Corrie, bist du wirklich sicher, dass Gottes Führung uns nach Argentinien gebracht hat?«

Ich blickte Conny an. Ihr Gesicht war staubig und von Erschöpfung gezeichnet. Auch mir war es heiß, ich war müde und unglücklich. Aber ich war sicher, dass Gott uns geführt hatte.

»Ja«, sagte ich langsam und jedes Wort betonend. »Ja, ich bin sicher.«

»Ich mag die argentinischen Moskitos nicht«, sagte Conny und schlug mit ihren Armen um sich. »Sie sind genauso grausam wie die afrikanischen.«

Wir sahen einander an und lachten.

Wir waren in einem fremden Land mit fremder Sprache und Holland war weit, weit weg. Aber wir lachten.

Dann hörte ich die Stimme eines Mannes, der von der anderen Straßenseite herüberrief:

»Bent U Corrie ten Boom?«

Mein Name! Meine Sprache! Was für eine Freude! Wegen des quirlenden Verkehrs konnte ich den Mann drüben auf der anderen Seite kaum sehen. Aber er winkte mit den Armen und rief noch einmal:

»Bent U Corrie ten Boom?«

»Ja dat ben ik«, schrie ich zurück.

Der Mann musste warten, bis er die Straße überqueren konnte. Und schließlich stand er vor uns.

»Ich bin Pastor Mees«, sagte er und streckte seine Hand aus. »Ich hätte nicht gedacht, dass Sie es sind, die ich hier finde. Aber ich hatte das Gefühl, ich sollte hierher kommen und jemanden abholen.«

»Kennen Sie Herrn Breson?«, fragte ich. »Ich hatte gehofft, ich könnte ihn hier treffen.«

»Haben Sie Bresons Brief nicht erhalten?«, fragte Pastor Mees bestürzt.

»Nein, wir hörten nichts von ihm.«

Pastor Mees schlug sich an die Stirn und sah zum Himmel. »Oh, das ist aber schlimm. Er schrieb Ihnen einen Brief mit der Bitte, nicht zu kommen. Er könnte keine Versammlungen organisieren und ist jetzt auf einer Missionsreise unterwegs im Dschungel. Vor zwei Monaten wird er nicht wieder zurück sein.«

Ich ließ mich wieder auf meine Koffer fallen. Ich war jetzt nur noch müde.

»Wissen Sie, ob es hier irgendwo ein CVJM-Hotel gibt?«, fragte ich, als könnte das unsere Probleme lösen.

Pastor Mees lächelte. »Nein, ich kenne hier kein CVJM-Hotel«, sagte er. »Aber eine gute Freundin von mir, eine Ärztin, wusste von der Möglichkeit, dass Sie kommen, und sie bat mich, Sie in ihre Klinik zu bringen. Von dort will sie Sie mit nach Hause nehmen. Sie hat ein Gästezimmer, Sie werden sich bei ihr bestimmt wohlfühlen.«

Frau Doktor Shepherd empfing uns in der Klinik mit großer Freundlichkeit. Ich wusste, dass sie eines von Gottes geliebten Kindern war und deshalb auch meine Schwester. Sie ließ uns in ihren Wagen einsteigen und nun erlebte ich zum ersten Mal den Verkehr in Buenos Aires. Die Reisen im afrikanischen Dschungel waren nichts dagegen. Hier gab es keine Ampeln. An jeder Kreuzung rasten die Autos von vier Seiten aufeinander zu, und wer zuerst da war, hatte Vorfahrt. Ich sah nie einen Unfall (vielleicht weil ich die meiste Zeit meine Augen geschlossen hielt). Aber nachdem die Ärztin immer abwechselnd heftig auf die Bremse und dann wieder genauso heftig auf das Gaspedal getreten hatte, erreichten wir schließlich ihre Wohnung, wo sie uns eine wohltuende Gastfreundschaft erwies. Schon am ersten Abend trafen sich hier eine

Reihe von Jugendleitern und ich durfte dabei sein. Am nächsten Tag kam eine Einladung zum Sprechen, und je länger ich blieb, desto mehr Einladungen kamen, sodass ich am Ende hier mehr zu tun hatte als je zuvor. Frau Dr. Shepherd hat ein großes Organisationstalent und vereinbarte für mich viele Dienste in vielen Teilen der Stadt.

Ja, es war Gottes Führung gewesen, dass wir nach Argentinien gegangen waren. Wie viel Freude wäre uns entgangen, wenn wir nicht gehorcht hätten!

Vielleicht die größte Freude dieser ganzen Reise erlebte ich an einem Nachmittag in der Klinik der Ärztin. Ich durfte die Abteilung besuchen, in der die Poliokranken lagen. In einem Raum waren sie an die Eiserne Lunge angeschlossen. Ich hatte diese keuchenden, schnaufenden Eisernen Lungen noch nie erlebt. Sie machten mir solche Not, dass ich am liebsten gegangen wäre. Aber da fragte mich eine freundliche Schwester: »Möchten Sie den Patienten nicht etwas sagen?«

Ich sah mich um und sagte: »Nein, das kann ich nicht. Ich würde am liebsten rausgehen und weinen.«

Immer wenn ich sage: »Das kann ich nicht«, bekomme ich die gleiche Antwort vom Herrn. Er sagt: »Ich weiß, du kannst nicht. Ich weiß das schon seit Langem. Nun weißt du es auch. Ich bin froh darüber, denn jetzt lässt du es mich tun.«

»Gut, Herr, tue du es«, sagte ich, und er tat es dann auch.

Ich ging von einer Eisernen Lunge zur anderen und sprach mit den Männern und Frauen über Jesus Christus, den Herrn, der in jeden von uns seinen Heiligen Geist hineinbläst.

Dann kam ich zu einem Mann in einem auf- und niederspringenden Bett. Er hatte eine andere Art Polio und anstatt an eine

Eiserne Lunge angeschlossen zu werden, lag er nun in einem Bett, das dauernd in Bewegung war. Wenn das Bett hochging, atmete er ein, wenn es herunterkam, atmete er aus. Die Krankenschwester sagte mir, er sei Jude.

»Ach«, sagte ich, »endlich treffe ich hier einen aus Gottes auserwähltem Volk. Sagen Sie mir – kennen Sie den Juden Jesus als Ihren persönlichen Messias?«

Das Bett ging hinauf und kam herunter; er schüttelte seinen Kopf, denn er konnte nicht sprechen. Eine lange Röhre steckte in seiner Nase, er konnte nur eine Hand rühren und damit schrieb er winzige Notizen.

»Darf ich Ihnen denn etwas über ihn sagen?«, fragte ich.

Er nahm seinen Stift und kritzelte auf das Notizbuch, das neben ihm lag: »Ich höre.«

Ich stand neben dem auf- und niedergehenden Bett und erzählte meinem jüdischen Freund vom großen Messias, jenem, den der Prophet genannt hat: »wunderbarer Ratgeber, starker Gott, ewiger Vater, Friedensfürst.« (Jesaja 9,5)

Als ich fertig war, holte ich aus meiner Tasche die kleine Stickerei. Auf der einen Seite konnte man eine schöne, gestickte Krone sehen. Die Rückseite ließ überhaupt nichts erkennen, so durcheinander liefen die Fäden.

»Wenn ich dich in diesem Bett sehe«, sagte ich, »und sehe, dass du dich nicht bewegen kannst, dann denke ich an diese Stickerei.«

Ich hielt ihm die Rückseite hin und sagte: »Dein Leben ist wie das hier: Die Fäden sind verknotet und laufen durcheinander. Man kann nichts erkennen. Es erscheint sinnlos. Aber wenn du es herumdrehst, dann kannst du sehen, dass Gott gerade dabei ist, eine Krone für dein Leben zu sticken. Gott hat einen Plan für dein Leben und er führt ihn aus – einen guten Plan, der dein Leben schön macht.«

Er nahm seinen Stift und schrieb wieder. Ich konnte es mit Mühe lesen. Da stand: »Ich danke Gott. Ich sehe nun die schöne Seite.«

Was für ein Wunder! Er hat es verstanden, dass Gott ihn so, wie er war, als Jude, angenommen hat. Ich betete und dankte dem Herrn mit ihm. Dann war es Zeit zum Gehen, Frau Dr. Shepherd holte mich wieder ab.

Am nächsten Tag ging ich auf die Poliostation zurück und fragte die Schwester nach meinem jüdischen Freund.

»Es tut mir leid«, sagte sie, »er ist nicht mehr bei uns. Knapp fünf Minuten, nachdem Sie ihn verlassen haben, rief er mich an sein Bett. In seinen Augen glänzte ein helles Licht. Er schrieb auf ein Stück Papier: ›Zum ersten Mal betete ich im Namen Jesu.‹ Dann schloss er seine Augen und starb.«

»Dann bin ich nicht traurig«, antwortete ich. »Ich bin froh.« Ich weiß, er hat seine eigene Lebenskrone. Gelobt sei der Herr!

Gott hat einen göttlichen Plan für seine Kinder. Obwohl er wegen der vielen Knoten und der durcheinanderlaufenden Fäden kaum erkennbar ist – auf der anderen Seite ist diese Krone.

13
Die wirkliche Corrie ten Boom

»Meine Gedanken sind nicht eure Gedanken«, sagt der Herr, »und meine Wege sind nicht eure Wege.«
Jesaja 55,8

In Havanna wurde ich gebeten, auf einem Jugendtreffen der Heilsarmee zu sprechen. Die Kommunisten beherrschten das Land damals noch nicht und so war es möglich, frei und offen über den Herrn Jesus Christus zu reden.

Es war ein heißer Juniabend, und der Saal war klein und niedrig. Das Treffen sollte schon um sieben Uhr beginnen, aber immer noch trafen Jugendgruppen aus allen Teilen der Stadt ein. Sie schienen es mit dem Anfang nicht eilig zu haben. In den meisten lateinamerikanischen Ländern war alles »mañana, mañana«, sogar die kirchlichen Gottesdienste.

Als ich endlich zum Rednerpult geführt wurde, saß ich dort zwischen zwei Männern mit großen Trommeln. Der eine von ihnen, ein alter Farbiger mit weißem Haar, bewies seine Liebe zum Herrn, indem er seine Trommel mit kräftigen Schlägen bearbeitete. Es war unerträglich laut. Der Heilsarmeeoffizier hatte ein scharfes Organ. Er leitete den Gesang mit großen Bewegungen seiner Hände, er schlug auf das Pult und schrie selbst mehr, als dass er sang. Die jungen Kubaner sangen laut und klatschten dabei mit den Händen und stampften mit den Füßen. Gegen Mitternacht war ich am Ende. Mein Kopf war wie zerhämmert und in meinen Ohren dröhnte es. Als ich gebeten wurde zu sprechen, wurde es still.

Nachdem ich gesprochen hatte, führte der Offizier einen Missionar ein, der Lichtbilder vorführte. Nun wurden die Lichter ausgemacht, und wir saßen in drückender Hitze und hörten uns den langen Lichtbildervortrag an. Wie viele Missionare hatte er, der Not gehorchend, auch medizinisch arbeiten müssen, ohne selbst Medizin studiert zu haben, und nun zeigte er eine Menge Bilder von Medikamenten.

»Diese Pillen hat mir Dr. Smith geschickt«, erklärte er, und bei den nächsten Medizinflaschen fuhr er fort: »Und die schickte uns Dr. Jones.«

Die jungen Leute im Saal waren nicht im Geringsten an den Flaschen, Büchsen und Dosen interessiert. Der Lärm wuchs wieder an. Nun musste der Missionar lauter sprechen, um den Krach zu übertönen. Die jungen Leute kletterten über die Lehnen der Bänke, irgendwo hörte man Babys schreien, und alles, was im Saal war, schwitzte. Ich dachte, ich würde es nicht überstehen.

Dann kam der Offizier ans Pult und begann zu predigen. Ich merkte, wie irgendein Insekt sich an meinem Ohr zu schaffen machte. Ein anderes hatte sich in meinem Haar verfangen. Ich sah mich um, aber ich fand keinen Fluchtweg. Ich war eingekeilt zwischen den beiden hohen Trommeln und hörte gerade noch, wie der Offizier die Leute aufforderte, nach vorn zu kommen und sich zu bekehren.

»Wer wird sich denn jetzt noch bekehren, die wollen doch nur noch nach Hause«, dachte ich. Und dann ertappte ich mich bei dem Gedanken: »Hoffentlich kommt niemand nach vorn. Ich möchte hier heraus und zu Bett gehen.«

Doch zu meiner großen Überraschung erhoben sich die Leute von ihren Sitzen und kamen nach vorn. An die zwanzig junge Leute waren es. Sie knieten rund um das Pult. In den Augen eines jungen Kubaners sah ich Tränen. Der Offizier sprach mit großer persönlicher Überzeugung. In seiner Stimme lag so viel Liebe, dass es mich anrührte.

Ich erschrak über mich selbst. Da hatte ich nun gehofft, dass sich niemand melden würde. Mein Schlaf war mir wichtiger gewesen als die Errettung von Sündern. Was für ein schrecklicher Egoist bin ich gewesen! Plötzlich konnte ich mein Bett vergessen. Ich war bereit, jede Nacht an solch einem Platz zu stehen, wenn Gott da arbeitete. Aber wohin soll ich mit meiner Schuld, mit meinem Egoismus?

Ich wusste, was ich mit meinen Sünden machen musste. Ich bekannte sie in Jesu Namen dem himmlischen Vater und bat ihn um seine Vergebung. Und dann konnte ich mit großer Freude in das Gebet der zwanzig jungen Leute einstimmen, die den wichtigen Schritt zu Jesus gewagt haben.

Es war halb zwölf, als wir auseinander gingen.

Am nächsten Morgen, einem Sonntag, sprach ich in einer schönen, gepflegten Kirche, wo sich die Prominenz von Havanna versammelte. Im Kirchenblatt, das jedem Besucher in die Hand gedrückt wurde, las ich einen einführenden Artikel über meine Arbeit: »Corrie ten Boom, die populärste Evangelistin der Welt … In ihrer völligen Hingabe an die Verbreitung des Evangeliums ist sie unermüdlich und völlig selbstlos tätig …«

»O Herr«, dachte ich, »wenn diese Leute wüssten, wer die wirkliche Corrie ten Boom ist, dann säßen sie heute Morgen nicht hier …«

»Sag es ihnen«, war die Antwort des Herrn.

Ich saß schon oben auf dem Podium und sah über das Meer von Gesichtern.

»Aber Herr, wenn ich es ihnen sage, werden sie meine Botschaft abweisen.«

»Kann ich eine Lüge segnen?«, fragte mich der Herr in meinem Herzen. »Ich kann nur die Wahrheit segnen, und du erwartest doch meinen Segen, oder?«

Nun war es Zeit, dass ich aufstand und zu den Menschen sprach. Der freundliche Pfarrer führte mich mit blumenreicher Rede ein und bat mich auf die Kanzel. Aber ich wusste, was ich zu tun hatte, bevor ich die eigentliche Botschaft ausrichtete.

Ich las ihnen die ersten Sätze aus dem Artikel über mich in ihrem Kirchenblatt vor und dann sagte ich:

»Ich bekomme manchmal Kopfweh von der Hitze, die der Heiligenschein ausstrahlt, mit dem man mir das Haupt schmückt. Möchten Sie wissen, wer Corrie ten Boom wirklich ist?« Und dann erzählte ich ihnen das Erlebnis vom gestrigen Abend, als mir meine Nachtruhe wichtiger war als die Errettung junger Menschen. »Das ist Corrie ten Boom«, sagte ich. »Ein solcher Egoist ist sie. Aber diese Corrie ten Boom weiß, was sie mit ihren Sünden machen muss. Und das ist Grund zu großer Freude. Wenn ich sie dem himmlischen Vater bekenne, dann reinigt mich Jesus Christus durch sein Blut. Er wirft sie ins Meer, wo es am tiefsten ist, und befestigt dort ein Schild, auf dem steht: ›Fischen verboten!‹

Corrie ten Boom ist bequem und egozentrisch, aber Jesus Christus in Corrie ten Boom ist genau das Gegenteil.«

Ich wartete ein paar Augenblicke. Ich wusste nicht, wie die Versammlung reagieren würde. Ob sie mich jetzt ablehnten? Stattdessen merkte ich plötzlich einen inneren Kontakt mit den Hörern. Sie hatten mich akzeptiert. Sie nahmen mich, wie ich war. Und ich sie auch. Wir waren keine prominenten und weltbekannten Leute mehr, wir waren alle Sünder, die wussten, dass Jesus gestorben ist, um uns aus dem Todeskreis der Sünde herauszuretten.

Gott hatte die Wahrheit gesegnet.

14

Checkpoint Charlie

Der Menschensohn ist gekommen, um Verlorene zu suchen und zu retten.
Lukas 19,10

Conny und ich standen mit anderen Leuten vor dem Checkpoint Charlie, dem Grenzübergang für Ausländer nach Ostberlin, und warteten.

Viele, die mit uns in der Schlange standen, waren Holländer, und ich stellte mit Befriedigung fest, dass sie ohne Schwierigkeiten durchgelassen wurden. Alles schien Routine: Händige dem Beamten deinen Pass aus, geh ein Stück weiter und erhalte deinen Pass zurück mit dem Stempel, der dir erlaubt, einen Tag in Ostberlin zu sein. Ich war also guter Hoffnung, dass alles glatt ging.

Endlich standen wir vor dem Schalter. Der Beamte prüfte unseren Pass, sah in einem Buch nach, drehte sich um und sprach mit einem Mann, der hinter ihm stand.

»Stimmt etwas nicht?«, fragte ich den Mann.

Er drehte sich nach mir um und sah mich mit einem strengen Blick an. »Kommen Sie mit«, sagte er und führte uns in ein kleines Seitenzimmer. Wir wurden befragt, und dann öffneten sie meine Handtasche. Sie fanden zwei Bücher darin. Eines davon war die ostdeutsche Ausgabe meines Buches »Dennoch«. Das andere war Billy Grahams »Friede mit Gott«.

Der Offizier griff nach Billy Grahams Buch und schrie: »Was? Ein Buch von diesem Maschinengewehr Gottes!«

Ich lachte. »Das ist ein guter Name für Billy Graham«, sagte ich. »Das muss ich ihm erzählen, wenn ich ihn wiedertreffe. Maschinengewehr Gottes! Aber Sie müssen es mir sagen, wenn ich diese Bücher nicht mit nach Ostberlin nehmen darf. Dann behalten Sie sie einfach hier, und wir können gehen.«

»O nein«, sagte er streng. »So einfach geht das nicht. Wir müssen erst noch einiges von Ihnen wissen.«

Bevor er mit seinen Fragen begann, suchte er nach versteckten Büchern. Seine raue, schroffe Art verletzte mich. Ich sagte es ihm:

»Mir ist, als stände ich wieder vor der Gestapo.«

»Nein«, sagte er verlegen, »ich bin keine Gestapo.«

»Aber Sie haben genau dieselben Umgangsformen.«

Er zwang sich zu größerer Zurückhaltung, aber trotzdem hielt er uns mehr als drei Stunden in diesem Durchsuchungsraum fest. Eine Stenotypistin wiederholte jedes Wort, das ich sagte, und nahm es in ein »Protokoll« auf. Hier erfuhr ich, dass mein Name auf der schwarzen Liste der DDR stand. Deshalb wurde ich so ausgefragt! Ich spürte, wie in mir der Zorn hochkam. Nur ein paar Stunden waren für den Besuch von Christen in Ostberlin vorgesehen gewesen. Und nun verging die Zeit auf der Polizeistation.

»Herr«, betete ich still, »warum hältst du uns hier zurück, wo wir doch so dringend in Ostberlin erwartet werden?«

Da wurde mein schwerfälliger holländischer Geist von einem neuen Gedanken bewegt: Es konnte ja Gott sein, der uns wegen des Grenzbeamten hier festhielt. Er liebt ja nicht nur die Christen in Ostberlin, sondern auch diese kommunistischen Beamten – den

Polizeioffizier und die uniformierte Stenotypistin. Was für einen schweren Fehler machen wir, wenn wir denken, Gott kümmere sich nur um Christen. Obwohl er will, dass alle Menschen Christen werden, liebt er doch nicht die einen Menschen mehr als die anderen. Ja, es war die unbekehrte Welt, für die Gott seinen eingeborenen Sohn gab, und Jesus selbst sagt, dass er nicht gekommen war, um die Gerechten zu suchen, sondern die Sünder zur Buße zu rufen (Matthäus 9,13). Ich musste an die Worte Jesu denken, als er sagte: »Ihr werdet um meines Namens willen vor Könige und Statthalter gestellt werden. Das ist eure Gelegenheit zum Zeugnis. Dann sorgt euch aber nicht darum, was oder wie ihr reden sollt«. (Matthäus 10,19)

Plötzlich war meine Beziehung zu dem Beamten total verändert. Er war nicht mehr mein Feind. Er war ein Mensch, für den Jesus Christus gestorben ist. Nun legte ich in jede meiner Antworten ein Zeugnis meines Glaubens an Jesus. Es wurde eine Art Spiel.

Ich fragte den Mann: »Haben Sie jemals in der Bibel gelesen?«

»Nee, ik bin Marxist«, sagte er mit fester Stimme.

»Die Bibel ist extra für Marxisten geschrieben worden«, sagte ich. »Sie sagt, dass Gott die Marxisten so sehr geliebt hat, dass er seinen eingeborenen Sohn gab, dass jeder Marxist, der an ihn glaubt, nicht verloren geht, sondern ewiges Leben hat.«

Beide, der Offizier und die Stenotypistin, hörten mit ernsten Gesichtern zu. Das ermunterte mich fortzufahren. Ich sprach über die beiden großen Probleme der Menschheit – Sünde und Tod – und stellte fest, dass die Bibel uns die Antwort auf diese Probleme gibt, indem sie über Jesus spricht.

»Warum behalten Sie meine Bücher nicht hier und lesen sie?«, sagte ich. »Ich gebe Ihnen gern ein Autogramm. Beide Bücher werden viele Ihrer Fragen beantworten.«

»Muss ik die lesen?«, fragte der Offizier.

»Ich will Ihnen nicht schaden«, lachte ich. Der Beamte lachte auch. Aber dann fing er sich wieder, wurde sehr ernst und fragte mich geschäftsmäßig in tadellosem Hochdeutsch:

»Ich sehe, dass Sie Schokolade bei sich haben. Wofür nehmen Sie die mit?«

»Ich wollte sie für die Pfarrerskinder in Ostberlin haben. Bringen Sie nicht auch Schokolade mit, wenn Sie eine Familie mit Kindern besuchen?«

»Nein, ich bringe Blumen mit«, sagte er ernst.

»Blumen sind gut für die Eltern, aber die Kinder haben viel lieber Schokolade. Spaß beiseite: Ich predige oft über Schokolade.«

»Was für seltsame Leute haben wir heute hier«, sagte der Beamte. »Sie führen Bücher mit sich von einem Mann, der wie ein Maschinengewehr redet, und dann sagen Sie, dass Sie über Schokolade predigen. Sagen Sie mir, alte Dame, was für eine Predigt machen Sie aus einer Tafel Schokolade?«

»Vor einigen Jahren«, antwortete ich, »sprach ich vor einer Gruppe von Deutschen, die sich für sehr gescheit hielten. Sie legten keinen Wert auf meine Predigt, weil sie theologisch viel versierter seien als ich. Daraufhin brachte ich ihnen beim nächsten Mal holländische Schokolade mit. Damals, es war kurz nach dem Krieg, gab es wenig Schokolade in Deutschland, und deshalb nahmen sie mein Geschenk begeistert an. Als ich dann vor ihnen stand und zu ihnen sprach, sagte ich zuerst: ›Sie haben gar nichts über die Schokolade zu mir gesagt.‹ Da stutzten sie und sagten, sie hätten sich doch bei mir bedankt, aber das hatte ich nicht gemeint. ›Nein‹, sagte ich, ›es hat mich keiner wirklich sorgfältig nach der Schokolade gefragt – wo sie hergestellt worden ist, in Holland oder Deutschland, woraus sie besteht, in welchem Verhältnis Kakao, Zucker, Milch und Vitamine gemischt sind. Anstatt sie zu analysieren, haben Sie sie gegessen.‹ Dann nahm ich meine Bibel und sagte: ›Genauso geht es mit der Bibel. Wenn Sie versuchen, die Bibel als wissenschaftliches Buch zu analysieren oder als ein Erzeugnis der Theologie, werden Sie davon nicht satt. Wie Schokolade will die Bibel gegessen und genossen werden.‹«

Ich hielt inne und stellte wieder fest, dass der Beamte und die Stenotypistin ein tiefes Interesse an dem zeigten, was ich ihnen sagte. Dann richtete sich der Offizier auf, räusperte sich und sagte zu der Stenotypistin: »Bitte schreiben Sie Fräulein ten Booms Protokoll, dann kann sie gehen.« Damit stand er auf und verließ den Raum, ohne einen Blick zurückzuwerfen.

Während die Stenotypistin ihren Bericht schrieb, saß ich schweigend neben ihr. Kurz darauf kam der Beamte zurück. Er nahm das Protokoll auf und las laut: »Corrie ten Boom erhielt im Gefängnis von Gott den Auftrag, das Evangelium von Jesus Christus in der ganzen Welt zu verkündigen. Ihre Kirche lehrt sie, Schokolade mitzubringen, wenn sie Familien mit Kindern besucht.«

Der Beamte nickte und entschuldigte sich. Er sagte, er müsse das Protokoll erst seinem Vorgesetzten vorlesen, bevor wir nach Ostberlin gehen dürften. Als er gegangen war, sprach ich mit der Stenotypistin und drang in sie, Jesus als ihren Herrn anzunehmen. Sie hörte wieder aufmerksam zu und sah gelegentlich in mein

Buch. Als jedoch der Beamte zurückkam, stand sie auf und kehrte an ihre Schreibmaschine zurück.

Ich gab dem Beamten das Buch von Billy Graham und sagte: »Nehmen Sie dieses Buch von Gottes Maschinengewehr mit nach Hause. Es wird Ihr Leben verändern.«

Er versuchte, sachlich zu wirken, aber hinter seinen Augen konnte ich Hunger und Durst nach mehr sehen. Ohne ein Wort zu sagen, nahm er das Buch und ließ es in seine Brieftasche gleiten. Mein Buch gab er der Stenotypistin und gab ihr einen Wink, es in ihre Handtasche zu legen. Dann öffnete er die Tür und ließ uns in Richtung Ostberlin weitergehen.

»Es tut mir leid, dass ich Sie so lange festgehalten habe, Fräulein«, sagte er. »Aber was wir hier getan haben, ist wichtiger als Ihr Besuch bei Ihren Freunden.«

Wir gaben uns die Hände und dann gingen Conny und ich in die kommunistische Stadt, um festzustellen, dass die letzte Bemerkung des Beamten stimmte. Was wir in Ostberlin tun konnten, war wichtig. Aber wichtiger war es, das Evangelium von Jesus Christus denen zu bringen, die im Dunkeln leben.

15

Im Angesicht des Todes

Wenn ihr im Namen Christi geschmäht werdet, glückselig seid ihr! Denn der Geist der Herrlichkeit Gottes ruht auf euch.
1. Petrus 4,14

Watchman Nee hat einmal gesagt: »Wenn meine Füße die Peitsche spüren, schmerzen mir die Hände.« Die Christen überall in der Welt bilden gemeinsam den Leib Christi. Aber vielen scheint das gar nicht bewusst zu sein. Es schmerzt sie nicht, wenn ein Teil des Leibes Christi die schwersten Verfolgungen und Leiden, die es seit Menschengedenken gibt, erdulden muss. Wenn wir Glieder eines Leibes sind – und wir sind es –, dann leiden wir mit ihnen, beten wir für sie und helfen, wo das möglich ist.

Ich erinnere mich an eine unverheiratete Missionarin, die alles, was sie zu Hause hatte, aufgab und nach China ging.

»Hast du keine Angst?«, wurde sie von den Freunden gefragt, als sie sich für die Reise fertig machte.

»Ich habe nur eine Angst«, antwortete sie, »dass ich ein Weizenkorn werden könnte, das nicht zum Sterben bereit ist.«

Ich war vor einigen Jahren in einem kleinen afrikanischen Land, wo die Regierung in die Hände der Feinde übergegangen war. Die Folge war, dass die neue Regierung die Christen schwer bedrängte. Am ersten Abend meines Besuches wurden einige der schwarzen Christen aufgefordert, auf die Polizeistation zu kommen. Sie sollten registriert werden. Als sie dort ankamen, wurden sie festgenommen und während der Nacht heimlich ermordet. Am nächsten Tag geschah das Gleiche mit anderen Christen. Am dritten Tag wieder. Nun war klar, dass die Christen dieses ganzen Bezirks systematisch ausgerottet werden sollten – Männer, Frauen und Kinder, so wie Hitler die Juden auszurotten versucht hat. Einige von diesen Männern und Frauen arbeiteten an einer christlichen Rundfunkstation.

Am Sonntagmorgen sollte ich in einer kleinen Kirche sprechen. Die Leute kamen, aber ich konnte ihnen die Angst und die Spannung an den Gesichtern ablesen. Während des ganzen Gottesdienstes sahen sie einander an und ihre Augen schienen alle die gleiche Frage zu stellen: »Wird der, der da neben mir sitzt, der Nächste sein? Oder bin ich es?«

Ich sah auf die Versammlung und blickte in die vielen schwarzen und weißen Gesichter. Im Kirchenraum war es heiß und drückend. Moskitos und andere Insekten kamen durch die offenen Fenster herein und schwirrten um die elektrischen Birnen, die ihr kaltes Licht über die Köpfe der Zuhörenden warfen. Sie sahen auf mich in der Erwartung eines Wortes Gottes für ihre tragische Situation.

Ich öffnete meine Bibel und las 1. Petrus 4,12-14:

»Geliebte, lasst euch durch das Feuer der Verfolgung unter euch, das euch zur Prüfung geschieht, nicht befremden, als begegne euch etwas Fremdes; sondern freut euch, insoweit ihr der Leiden des Christus teilhaftig seid, damit ihr euch auch in der Offenbarung seiner Herrlichkeit jubelnd freut! Wenn ihr im Namen Christi geschmäht werdet, glückselig seid ihr! Denn der Geist der Herrlichkeit und Gottes ruht auf euch.«

Ich schloss das Buch und begann zu erzählen, einfach wie eine Tante ihren Neffen und Nichten etwas erzählt.

»Als ich ein kleines Mädchen war«, sagte ich, »ging ich zu meinem Vater und sagte: ›Vati, ich glaube, ich bin bestimmt nicht stark genug, ich kann niemals ein Märtyrer für Jesus Christus werden.‹ ›Dann sag mir doch mal‹, antwortete Vater, ›wenn wir von Haarlem nach Amsterdam fahren, brauchen wir doch Geld für die Fahrkarte. Wann gebe ich dir das Geld? Vielleicht drei Wochen vorher?‹ ›Nein, Vati‹, lachte ich. ›Du gibst mir das Geld für die Fahrkarte, wenn wir vor dem Fahrkartenschalter stehen.‹

›Richtig‹, sagte mein Vater, ›und so ist es mit Gottes Kraft. Unser weiser Vater im Himmel weiß, was du an jedem Tag brauchst. Heute brauchst du nicht die Kraft für das Martyrium. Aber sobald Gott dich dazu beruft, um Jesu willen zu sterben, wird er dir auch die Kraft dazu geben – genau zur rechten Zeit.‹«

Ich sah auf meine afrikanischen Freunde. Einige von ihnen hatten schon ihre Angehörigen verloren, und ich wusste, dass andere in dieser Woche sterben würden. Sie hörten aufmerksam zu.

»Die Erklärung meines Vaters hat mich sehr getröstet«, sagte ich. »Später, als ich im Konzentrationslager um Jesu willen leiden musste, gab er mir tatsächlich all den Mut und die Kraft, die ich brauchte.«

Meine afrikanischen Freunde nickten ernst. Sie glaubten auch, dass Gott ihnen alles geben würde, was sie brauchten. Auch die Kraft, tapfer zu sterben.

»Erzähl uns mehr, Tante Corrie«, rief ein weißhaariger, schwarzer Mann. Sie konnten nicht genug kriegen. Sie saugten die Wahrheit Gottes auf wie ein Schwamm.

Jetzt erzählte ich ihnen die Geschichte, die ich mit Lony in Ravensbrück erlebte: »Eine Gruppe meiner Mitgefangenen kam zu mir und bat mich, ihnen ein paar Geschichten aus der Bibel zu erzählen. Unsere Aufseher nannten die Bibel das ›Lügenbuch‹, und wer eine Bibel besaß oder über den Herrn sprach, konnte mit tödlicher Strafe rechnen.

Ich ging zu meiner Pritsche, fand meine Bibel und kehrte zu den Frauen zurück. Da merkte ich, wie jemand hinter mir stand. Eine der Frauen sprach – nur mit den Lippen – die Worte: ›Bibel weg! Lony!‹ Ich kannte Lony gut. Sie war eine der grausamsten Aufseherinnen. Ich betete: ›Herr, gib mir Kraft!‹ und las den biblischen Text. Denn ich wusste, dass Gott es wollte, und ich wollte ihm gehorchen.

Reglos stand Lony hinter mir, als ich über den Text sprach und dann sagte: ›Und jetzt singen wir noch ein Lied.‹

Ich sah vor mir die ängstlichen Blicke der Gefangenen. Bis jetzt hatte nur ich gesprochen. Und nun sollten auch sie ihren Mund öffnen und singen. Aber ich glaubte, dass wir kühn sein sollten, und so sangen die Frauen ins Angesicht des Feindes, der hinter mir stand, das Lied ›Befiehl du deine Wege‹.

Als wir den letzten Vers gesungen hatten, erscholl hinter mir Lonys raue Stimme: ›Noch ein Lied!‹ Lony hatte unser Singen gefallen. Sie wollte mehr hören. So nahmen wir uns ein Herz und sangen weiter. Und noch ein Lied und noch eins. Danach drehte ich mich um und erklärte ihr den Weg zur Erlösung.

Seltsam, ihr Verhalten veränderte sich von Grund auf. Grob wie sie war, begann sie uns gegenüber freundschaftliche Gefühle zu zeigen.«

Als ich meine Geschichte zu Ende erzählt hatte, schwieg ich eine Weile. Dann sagte ich: »Ich will euch nun auch sagen, was ich aus dieser Erfahrung gelernt habe. Ich wusste damals, dass jedes Wort, das ich sagte, meinen Tod bedeuten könnte. Aber nie zuvor habe ich solch einen Frieden und solch eine Freude im Herzen gehabt wie damals, als ich in der Gegenwart meines Feindes aus der Bibel las und darüber sprach. Gott hat mir die Gnade und die Kraft gegeben – das Geld für die Fahrkarte kam genau in dem Augenblick, als ich es brauchte.«

Durch die Gesichter vor mir zuckte ein helles Lächeln. Angst und Sorgen waren gewichen. Aus ihren Augen leuchtete die Freude und ich konnte es ihnen ansehen: In ihren Herzen war Frieden.

Als die Versammlung vorbei war und einer nach dem anderen die Kirche verlassen hatte, drang aus einem der hinteren Räume die Melodie eines alten Evangeliumsliedes. Es besingt den neuen Himmel und die neue Erde. Ich wusste nicht, wer und wie viele in dieser Woche um Jesu willen getötet werden würden. Später hörte ich, dass mehr als die Hälfte derer, die diesen Gottesdienst besucht hatten, den Märtyrertod gefunden haben. Ich weiß, dass Gottes Geist der Herrlichkeit auf ihnen ruhte.

16

Gerettet durch ein neugeborenes Kind

… und ein kleiner Junge wird sie hüten.
Jesaja 11,6

Es gehört zu meinen größten Vorrechten, dass ich überall in der Welt Missionare besuchen kann. Wer in der Bequemlichkeit und Sicherheit unserer Häuser lebt, kann sich nicht vorstellen, wie das Leben der Missionare abläuft. Bei vielen von ihnen gibt es kein frisches Wasser. Die Ernährung ist äußerst primitiv. Beständig stehen sie in der Gefahr, krank zu werden, sich irgendwo eine Infektion zu holen. Einige leben an Orten, wo sie in ständiger Gefahr sind. Sie stehen an der Front, oft an einsamen Plätzen, aber sie wissen, dass ihr Herr sie dahin geführt hat und dass er auch bei ihnen bleibt. Zu meinem Kummer, doch zur Ehre Gottes wird die Liste jener Männer und Frauen täglich länger, die ihr Leben um Jesu willen buchstäblich auf dem Missionsfeld abgeben.

Ich besuchte in Afrika ein Missionarsehepaar. Ihre kleine Wohnung fand ich in einer ganz besonders hübschen Gegend. Sie blickten auf Seen und Berge, und obwohl sie von den Gütern der Welt wenig besaßen, waren sie doch reich in Gott. Und sie wohnten in einer Gegend, für die manche wohlhabende Leute ein paar Tausend Dollar auf den Tisch legen würden. Ihre kleine Wohnung wurde von sechs Kindern bevölkert, von denen das

Jüngste ein paar Monate alt war. »Komm mit nach draußen«, sagte die Missionarin, nahm das Baby auf und ging in den Garten. »Ich will dir eine Geschichte erzählen.«

Wir saßen auf einer Bank und hatten vor uns ein grandioses Panorama. Es war ein fantastischer Ausblick auf Berge, die vom Urwald bedeckt waren, auf Seen und Wasserfälle.

»So viele kleine Kinder können eine Last für Missionare sein«, sagte sie. »Nämlich dann, wenn du sie nach Hause in ein Internat schicken musst, weil es hier keine guten Schulen gibt. Aber solange sie klein sind, kannst du dich an ihnen freuen.«

Sie schwieg einen Augenblick und sah auf das süße Baby, das in ihrem Arm schlief. Ihre Stimme wurde bewegt, als sie fortfuhr: »Aber als ich feststellte, dass ich wieder schwanger war, da rebellierte ich gegen Gott. Wir hatten schon fünf Kinder und auch ihnen gegenüber erschien es mir nicht fair, dass nun wieder eines kommen sollte. Mit meiner Gesundheit stand es nicht zum Besten und so erwartete ich dieses Kind mit großer Sorge. Ich war unglücklich. Waren fünf Kinder nicht genug? Ach, ich jammerte vor Gott mein ganzes Elend heraus, und es gab Zeiten, in denen ich nur eines wünschte: dass er mir das Baby nehmen würde.«

Die Tränen strömten über ihre Wangen. Ich konnte mir vorstellen, was sie durchgemacht hatte. Dann fuhr sie fort: »Kurz vor der Geburt war ich sehr schwach. Es gibt hier nirgends einen Arzt. Wir hatten auch keinen, der nach den Kindern gesehen hätte. So packte uns mein Mann alle ins Auto und fuhr uns in die Stadt, wo wir in einem guten Missionshospital unterkamen. Dort blieben wir, bis das Baby geboren war.«

Das kleine Kind in ihren Armen streckte sich und gähnte. Was für ein reizendes Kind! Dann sprach die Mutter wieder: »Als wir zurückkamen, hörten wir, dass in der kurzen Zeit unserer Abwesenheit die Mau-Mau hier gewesen sind. Sie hatten im ganzen Bezirk alle Weißen umgebracht. Wenn wir hier gewesen wären, hätte keiner von uns überlebt. Gott hat uns diesen kleinen Liebling geschickt, um uns zu retten. Mein Leben lang will ich mich nicht mehr gegen Gottes Wege auflehnen.«

17
Jeden Tag ein Wunder

Meine Zeit steht in deinen Händen.
Psalm 31,16

Als ich zum ersten Mal in Indien war, sollte ich auf einer Missionskonferenz in Vellore sprechen. Doch als mein Flugzeug in Bangkok ankam, hörte ich, dass die nächste Maschine nach Vellore erst in drei Tagen gehen würde.

»Das bedeutet, dass ich drei Konferenztage verlieren werde«, sagte ich.

»Es tut uns wirklich leid, aber wir können Ihnen nicht helfen«, sagte mir der Mann am Schalter. Die Luftfahrtgesellschaft besorgte mir ein Hotel, wo ich für die Zeit gut untergebracht war.

Im Hotel fragte ich den freundlichen Inder, der mir für die Zeit des Zwischenaufenthaltes ein wenig zur Seite stehen sollte: »Gibt es tatsächlich keine Möglichkeit, mit einem anderen Flugzeug nach Vellore zu kommen?«

»Die Gesellschaft tut, was sie kann«, versicherte er mir.

»Dann müssen wir beten, dass Gott ihnen hilft«, antwortete ich sofort.

»Sie sind Christ?«, fragte er überrascht.

»Aber ja«, antwortete ich. »Und Sie?«

Er senkte seinen Kopf. »Bin es gewesen. Nun aber bin ich das, was Sie ein verlorenes Schaf nennen.«

»Halleluja!«, sagte ich. »Dann sind Sie genau das Schaf, das der Hirt sucht und für das er die neunundneunzig ihrem Schicksal überlässt.«

Wir saßen in der Empfangshalle des Hotels und hatten ein langes Gespräch. Am Ende fragte ich den Mann, ob er bereit wäre, zu Jesus zurückzukommen.

»O ja«, sagte er. »Denn ich glaube, gerade deshalb hat Gott Sie hier zurückgehalten.«

Wir beteten zusammen und dann sagte ich zu ihm: »Nun hat Gott sein erstes Wunder getan. Würden Sie bitte mit mir um das nächste Wunder bitten – dass ich rechtzeitig zur Konferenz in Vellore komme?«

Da sprang der Mann hoch. »Während Sie beten«, sagte er, »muss ich schnell eine Sache besorgen. Ich bin gleich zurück.« Damit war er aus der Tür, und ich saß noch zwischen meinen Koffern.

Nach einer halben Stunde war er zurück. »Machen Sie sich schnell fertig«, sagte er. »Ich glaube, Gott hat Ihr Wunder getan. Wir haben eine Maschine entdeckt, die auf einer anderen Route Vellore anfliegt.«

»Haben Sie das in die Wege geleitet?«, fragte ich.

»Ja«, lachte er und nahm mein Gepäck auf. »Aber danken Sie nicht mir. Ich muss Ihnen danken, dass Sie mich zum Hirten zurückgebracht haben.«

Wir eilten zum Flughafen und dort fand ich die Maschine, die eigentlich schon längst hätte aufgestiegen sein müssen. Und nun warteten sie auf mich. Keuchend kletterte ich die Stufen hinauf. »Ach, Sie sind die Referentin«, sagte die Stewardess, als sie hinter mir die Tür schloss. »Wir hatten schon Angst, wir hätten ohne Sie fliegen müssen.«

»Referentin?«, fragte ich. »Wieso?«

»O«, lächelte sie freundlich. »Wir wissen alles über Sie. Unser Hotelagent sagte uns, was für eine wichtige Rednerin aus Holland Sie sind und dass Sie in Vellore Vorträge halten werden. Deshalb haben wir auch hier auf Sie gewartet.«

Ich setzte mich auf meinen Platz am Fenster. Draußen sah ich das verloren gewesene Schaf grinsen und winken. Ich winkte zurück. Gott hat sicher nicht nur einen besonderen Grund gehabt, mich in Bangkok zurückzuhalten, dachte ich, er wird wohl auch gleich wichtige Gründe dafür haben, dass er mich rechtzeitig nach Vellore bringt.

Und es stimmte. Am nächsten Morgen sprach ich zum ersten Mal auf dieser Missionskonferenz in Vellore. Ich sprach über die Verheißungen Gottes in der Bibel. Nach diesem Dienst stahl ich mich aus der Menge hinaus und erging mich in dem hübschen Garten neben dem Konferenzzentrum. Es war ein Farbenmeer: Grün und Rot, dunkles Orange und Kupfer und die Regenbogenfarben der blühenden Büsche! »Wie wunderbar ist es doch,« dachte ich, »so im Zentrum von Gottes Willen zu leben!«

»Entschuldigen Sie«, hörte ich eine scheue Stimme hinter mir. Ich drehte mich um und stand vor einer der englischen Missionarinnen. Sie wirkte müde. Sie zögerte, doch dann sagte sie:

»Glauben Sie wirklich an Gottes Verheißungen?«

»O ja«, sagte ich.

»Glauben Sie, dass der Herr noch immer Kranke heilt?«

»Natürlich«, sagte ich und bat sie, auf einer Steinbank in der Nähe eines blühenden Hibiskus Platz zu nehmen. Ich nahm meine

Bibel und las ihr vor, was Jesus selbst sagte, dass wir die Hände auf die Kranken legen sollten und dass sie geheilt würden. Ich las aus Markus 16 die Verse 18 bis 20. Dann erzählte ich ihr ein Erlebnis, das ich kürzlich in Indonesien gehabt hatte.

»Ich wohnte in der Familie eines lieben, chinesischen Pastors«, sagte ich. »Weil sie so viel zu tun hatten, konnte seine Frau nicht kochen, und so kam jeden Tag eine andere chinesische Dame in einer Rikscha und bereitete mir ein gutes chinesisches Essen.

An einem Morgen – ich stand gerade am Fenster – sah ich, wie die liebe Frau zum Haus heraufhumpelte. Sie blutete am Kopf. Ihr Kleid war zerrissen. So schnell ich konnte, lief ich hinaus, um ihr zu helfen. Ihre Rikscha war mit einer anderen Rikscha zusammengestoßen und sie war verletzt worden, als sie mit ihrem Kopf gegen ein Metallteil stieß. Die Chinesen hatten damals in Indonesien wenig Freunde. So war auch kein Arzt zu bewegen, die Frau zu behandeln. Ich sah, dass es ihr schlecht ging, und mir war klar, dass auch in das Haus des chinesischen Pastors kein Arzt kommen würde. Deshalb legte ich meine Hände auf sie und betete im Namen Jesus, dass er sie heilte. Sie wurde völlig geheilt.«

Die Missionarin hatte aufmerksam zugehört. Dann fragte sie: »Müssen Sie die Art der Erkrankung kennen, bevor Sie für jemanden beten?«

»Nein, ich bin kein Arzt. Ich heile nicht. Der Herr heilt.«

»Ich bin sehr krank«, sagte sie ruhig. »Würden Sie mir die Hände auflegen und beten?«

»Ich will es gern«, sagte ich. Sie glitt von der Bank und kniete in jenem schönen Garten, während ich meine Hände auf ihren Kopf legte und im Namen Jesu Christi für sie betete.

Langsam erhob sie sich von den Knien. »Nun will ich Ihnen sagen, was ich habe«, sagte sie. »Ich habe Lepra.«

Ich bin schon in Aussätzigenkolonien gewesen, ich habe viele Leprakranke gesehen. Nun überfiel mich eine große Angst. »O«, dachte ich, »das ist doch zu schwierig für den Herrn. Ich wünschte, sie hätte es mir vorher gesagt. Dann hätte ich das vielleicht nicht gewagt.«

Aber dann schämte ich mich. Ich bat Gott, mir meinen Kleinglauben und Unglauben zu vergeben. Am Ende bin ich es ja nicht, der gesagt hat, er würde die Kranken heilen. Er hat es gesagt.

Einige Jahre waren vergangen. Ich hatte den Namen und die Adresse dieser Dame verloren. Trotzdem dachte ich von Zeit zu Zeit an sie und betete für sie. Fünf Jahre später war ich wieder einmal in Indien mit den Freunden des Taschenbibelbundes. Eines Tages klopfte es an meine Hoteltür.

»Erinnern Sie sich an mich?«, fragte eine schöne Frau.

Ich sah sie an und sagte: »Sie kommen mir bekannt vor, aber ich kann mich nicht erinnern, wer Sie sind.«

»Erinnern Sie sich an die Zeit in Vellore, als sie einer Leprakranken die Hände aufgelegt haben und im Namen Jesu um Heilung beteten?«

»O ja«, rief ich. »Natürlich erinnere ich mich an Sie. Aber Sie sind ein anderer Mensch geworden.«

Sie lächelte: »Der Herr hat mich wunderbar geheilt. Die Ärzte haben es bestätigt: Ich bin absolut frei von Aussatz.«

»Danke, Herr«, sagte ich laut. »Dein Name sei verherrlicht! Du nimmst dich unserer Nöte immer an, auch wenn unser Glaube klein ist.«

18

Gottes Wort, das Schwert – Gottes vollkommene Waffe

Das Gras verdorrt und die Blumen welken; aber das Wort des Herrn hat für immer Bestand.
Jesaja 40,8

Es war ein hektisches halbes Jahr gewesen. Ich war von Neuseeland nach Korea geflogen, wo ich in drei Monaten in mehr als 250 Versammlungen gesprochen hatte. Dann war ich zu einem kurzen Besuch nach Neuseeland zurückgekehrt, um dann weiter in Indien zu arbeiten.

In Neuseeland hatte ich bei einer Familie gewohnt, die nach dem System der Navigatoren Bibelverse auswendig lernte. Ich war begeistert, als ich dort ganz viele Neubekehrte kennenlernte, die diesen Kursus mitmachten. Und weil ich nicht so viele Bibelstellen in englischer Sprache im Kopf habe wie in Holländisch, beschloss ich, auch damit zu beginnen. Ich verließ Neuseeland mit neuem Eifer und flog nach Kerala, einem Staat in Indien, wo ich in kleinen Konferenzen tief im Dschungel reden sollte. Mein indischer Kompagnon holte mich am Flughafen ab und brachte mich zu einem kleinen Anlegeplatz am Fluss, wo ein Kanu wartete. Wir kletterten hinein und glitten langsam über das seichte Wasser. Außer den rhythmischen Schlägen des Paddels war es still, völlig still.

Mein indischer Reisebegleiter war der Leiter einer Hauskreisarbeit. Zweimal im Jahr kommen diese Gruppen zu einer Bezirkskonferenz zusammen. Dann studieren sie die Bibel, beten und flehen um Erweckung. Ich sollte auf verschiedenen solcher Konferenzen dreimal täglich sprechen. Die Konferenzen wurden in einem *Pandal* abgehalten – unter einem großen Dach, das die Versammlung vor den Sonnenstrahlen schützt. Es gibt keine Wände und die Leute sitzen im Gras. Unterwegs erzählte mir der Inder von seiner großen Sehnsucht, Menschen für Jesus zu gewinnen. »Aber ich habe keinen Erfolg«, sagte er. »Ich gebe immer ein Zeugnis, aber ich kann keinen Menschen dazu bringen, dass er eine Entscheidung trifft.«

»Benutzt du das Schwert des Geistes, das Wort Gottes, dabei?«, fragte ich ihn.

»Ich fürchte, ich bin in der Handhabung dieses Schwertes nicht sehr geschickt«, gab er zu. »Im kritischen Moment kann ich niemals einen Text finden, der zu einer bestimmten Situation passt.«

»Ja, ich kann das verstehen«, bekannte ich. »Ich habe manchmal dasselbe Problem. Aber neuerdings lerne ich bestimmte Verse der Bibel auswendig. Es ist so eine Art Erste-Hilfe-Kurs. Es sind Stellen für den Ernstfall, mit denen ich zuerst einmal die Wunde behandeln kann. Hinterher kann ich nach den Stellen suchen, die zur weiteren Heilung beitragen.«

Das sah mein indischer Begleiter ein, und als ich merkte, wie es ihm half, erzählte ich ihm eine Erfahrung, die ich in Kanada gemacht hatte: dass nicht ich es bin, sondern Gottes Wort durch mich, das Leute für Jesus Christus gewinnt.

»Ich hatte gerade in einem Hörsaal der Universität vor Studenten gesprochen«, sagte ich und sah auf das stille Wasser des Flusses. »Ich ruhte mich dann auf der Veranda eines der Schlafsäle auf dem Campus etwas aus, als sich eine sehr gebildete Dame, die in meinem Vortrag gewesen war, zu mir setzte. ›Was Sie zu den Studenten gesagt haben, war sehr interessant‹, meinte sie. ›Aber Sie sind zu eng. Ich bin Experte in Weltreligionen. Ich habe viele Länder bereist und überall lange Diskussionen mit den Führern vieler religiöser Gruppen gehabt. Ich habe über den Weg des Lebens durch Zeit und Ewigkeit mit Muslimen, Brahmanen, Schintoisten und vielen anderen diskutiert. Alle kennen Gott, auch wenn sie nicht an Jesus glauben. Es tut mir leid, dass ich dem, was Sie heute Nachmittag gesagt haben, nicht zustimmen kann, aber Sie legen zu großen Wert auf Jesus Christus und räumen nicht ein, dass andere Religionen genauso gut wie das Christentum sind.‹«

»Ich war verwirrt«, gestand ich dem Inder. »Dann musste ich an einen Freund denken, der mir einmal gesagt hatte: ›Du bist nicht dazu berufen, irgendjemanden zu überzeugen. Du bist nur berufen, ein offener Kanal für den Geist Gottes zu sein. Etwas anderes kannst du niemals sein, selbst wenn du es manchmal möchtest. Folge dem Weg des Gehorsams – es ist ein Fußweg – und lass das Wort Gottes sein Werk selbst tun. Dann wirst du von Gott gebraucht werden, und zwar weit über deine eigenen Kräfte hinaus.‹

Damals sagte ich zu der Frau: ›Sie streiten nicht mit mir, sondern mit der Bibel. Ich bin es nicht, die diese Dinge sagt; es ist das Wort Gottes. Jesus sagt, dass niemand zum Vater kommt als durch ihn. Das steht im Johannesevangelium (14,6). Wenn Sie mit jemandem diskutieren wollen, dann diskutieren Sie mit ihm!‹«

Ich sah meinen indischen Freund an. Er verschlang jedes Wort, das ich sagte. Da erzählte ich ihm die Fortsetzung der Geschichte.

»Einige Zeit später war ich auf einem Empfang zu Ehren des Prinzgemahls Bernhard von den Niederlanden in Ottawa. Jeder, der Prinz Bernhard sehen wollte, durfte kommen, und es war wirklich ein Vergnügen, so viele Holländer zusammen zu sehen. Der Prinz wirkte müde, aber er war heiter und freundlich zu uns allen. Ich traf manche alte Bekannte und dann stand ich plötzlich vor dieser Dame, die so scharf diskutiert hatte. ›Ich bin froh, dass ich Sie treffe‹, sagte sie herzlich. ›Ich werde nie vergessen, was Sie mir über Jesus gesagt haben: Niemand kommt zum Vater als nur durch mich. Ich habe alles versucht, um dieses Wort zu entkräften. Aber ich muss die Tatsache anerkennen, dass es ein Wort Jesu ist. Ich kann mit Ihnen diskutieren. Aber es bereitet mir außerordentlich große Schwierigkeiten, mit Jesus zu diskutieren.‹ ›Das ist wunderbar‹, sagte ich. ›Nun hören Sie auf die Stimme Gottes. Hören Sie weiter darauf. Er hat Ihnen noch viel mehr zu sagen.‹ ›Ja‹, sagte sie. ›Und ich glaube, er tut es.‹ Wir trennten uns und ich habe sie inzwischen nicht mehr gesehen. Aber ich bin sicher, dass das Schwert des Geistes noch immer an ihr arbeitet.«

Ich sah wieder auf den jungen Inder. Er hatte verstanden und nickte. »Wenn wir fleißig die Bibel lesen, dann gibt uns der Heilige Geist auch die richtigen Worte und Schriftstellen«, sagte ich. »Wenn wir von ihm abhängig sind, sind wir wie die Reben vom Weinstock, durch die der Fruchtsaft fließt. Aber wenn die Reben abgebrochen sind, können sie keine Frucht bringen.«

Ich konnte sehen, wie der Wald zu beiden Seiten des Flusses zurückwich. Ein Fußpfad führte ans Ufer herunter zur Anlegestelle, und ich sah, wie die Leute im Gänsemarsch herunterkamen. Es war schon fast dunkel. Die Inder trugen Fackeln aus Palmblättern in den Händen. Ihre weißen Kleider gaben dem Bild ein fremdes, überirdisches Gepräge, als wären sie Pilger auf dem Weg zum Himmel. Viele waren schon im *Pandal* und wir hörten sie in der Ferne singen, eine monotone Melodie, die von den weiß gekleideten Pilgern auf dem Weg zum *Pandal* aufgenommen wurde.

Nach der Versammlung lag ich in meiner kleinen Strohhütte und pries Gott für die Kraft seines Wortes, das diese Leute nicht nur zusammengeführt hatte, sondern das sie auch für den Herrn Jesus Christus gewonnen hatte. Und ich fand fünf Gründe heraus, warum ich glaube, dass die Bibel Gottes Wort ist:

1. Sie sagt: »… von Gott her redeten Menschen, getrieben vom Heiligen Geist«. (2. Petrus 1,21)
2. Ihre Wirkung auf die, die glauben und folgen, ist offensichtlich.
3. Obwohl einiges schon vor zweitausend Jahren geschrieben worden ist, bevor Jesus auf die Erde kam, stimmen alle Schreiber miteinander überein.
4. Die Autoren versuchen nicht, sich wegen ihrer eigenen Fehler oder Sünden zu rechtfertigen.
5. Die Schreiber berichten über einige der schrecklichsten Geschehnisse, die einen großen Eindruck auf sie gemacht haben müssen; aber sie drücken ihre Erregung an keiner Stelle aus. Der Heilige Geist will, dass diese Tatsachen berichtet werden, nicht aber ihre Gefühle darüber.

Viele Menschen machen den Fehler und denken, sie könnten die Gewissheit ihrer Erlösung dadurch steigern, dass sie ihre Gefühle anheizen. Aber es gibt keinen anderen Grund als das Wort Gottes, und deshalb ist es wichtig für jeden Neubekehrten in Christus, dass er Bibelkenntnis hat. Mehr als jeder andere ist der Neubekehrte dem Feuer des Feindes ausgesetzt. Deshalb muss er das Schwert des Geistes kennen. Als der Teufel Jesus versuchte, benutzte der Herr selbst dieses Schwert, um ihn zu besiegen. So müssen wir es lernen, uns gegen jeden Angriff mit dieser Waffe selbst zu verteidigen.

19
Wo ist der Himmel?

Sammelt eure Reichtümer im Himmel, wo sie weder von Motten noch von Rost zerfressen werden und vor Dieben sicher sind. Denn wo dein Reichtum ist, da ist auch dein Herz.
Matthäus 6,20.21

Das Glück hängt nicht von den Ereignissen ab, sondern von der Beziehung zu den Ereignissen. Das weiß ich von meinem Vater. Er sagte es mir, als ich noch ein Kind war. Und er erklärte es mir mit einer Geschichte aus den ersten Tagen seiner Ehe. Er hatte ein kleines Uhren- und Goldwarengeschäft in einem der schmalen Häuser mitten im jüdischen Viertel von Amsterdam eröffnet. Arme Mutter! Sie hatte von einer Wohnung mit einem kleinen Garten geträumt. Sie freute sich an allem Schönen und liebte einen weiten Ausblick vom Fenster. »Ich muss den Himmel sehen«, sagte sie oft. Stattdessen lebte sie nun in einer engen Gasse und in einem alten Haus – in jedem Stockwerk gab es nur ein einziges Zimmer – mit altmodischen Möbeln, die sie von der Großmutter geerbt hatten. Und doch waren sie beide glücklich. Nicht wegen der Verhältnisse, in denen sie lebten, sondern wegen ihrer Beziehung zu diesen Umständen.

Sie lernten in dieser engen Straße im Getto von Amsterdam viele prachtvolle Juden kennen. Sie durften ihre Sabbate mit ihnen feiern und auch ihre Feste. Sie studierten miteinander das Alte Testament und gelegentlich auch das Neue.

Ich habe mich oft an die Lektionen, die ich bei meinem Vater über das Glück und die Verhältnisse gelernt habe, erinnert, aber niemals standen sie mir so vor Augen wie viele, viele Jahre später.

Ich bin damals drei Monate im Orient gewesen und verbrachte einen erheblichen Teil meiner Zeit in Korea. Ich sprach dort in vielen Versammlungen, in Schulen, Waisenhäusern, Kinderheimen und Kirchen. Eines Tages sprach ich in einer Universität, und danach kam ein Theologiestudent zu mir mit einem so düsteren Gesichtsausdruck, wie ich es noch nie bei einem Menschen erlebt hatte, der ein Diener des auferstandenen Christus werden wollte.

»Was ist geschehen, dass Sie so unglücklich sind?«, fragte ich.

»Ich habe meinen Weg verloren«, sagte er traurig. »Als ich Christ wurde, lehrte mich mein Pfarrer zu glauben, dass die Bibel wahr sei. Damals war ich sehr glücklich. Aber seit ich Rudolf Bultmann, einen berühmten Gelehrten, studiere, der sagt, dass die Bibel voller Mythen und Legenden sei, habe ich meinen Weg verloren. Ich weiß nicht mehr, wo der Himmel ist.«

Ich wurde ärgerlich. Es schien mir nicht recht, dass diese einfachen Jungen von Korea von dieser schrecklichen Theologie durcheinandergebracht wurden. Sie studieren lange Zeit an den Universitäten. Zum Teil doppelt so lange wie die Studenten in Europa und Amerika, und viele verlieren darüber ihren Glauben.

Ich antwortete auf seine Frage nach dem Himmel, indem ich ihm erzählte, was ich gerade erst am Tag zuvor gesehen und gehört hatte, als wir durch das Land gefahren waren.

Da war ich an der ärmsten Hütte vorbeigekommen, die ich je gesehen hatte. Es war ein winziger Anbau, dem man das Material, aus dem er errichtet worden war, schon von Weitem ansah. Es waren Kehricht, zerkleinerte Pappdeckel, platt gewalzte Dosen, Bretter … Als wir langsam die Dorfstraße entlangfuhren, hörten wir eine herrliche Frauenstimme. Selten hatte ich in einem europäischen Konzert eine solche Stimme gehört. Wir hielten an und hörten zu. Es klang wie der Gesang einer Lerche. Die Stimme kam aus dieser Hütte.

»Kennst du das Lied?«, fragte ich die Missionarin, die mit mir fuhr.

»Ja«, sagte sie, »es heißt: ›Wo Jesus ist, da ist der Himmel‹.«

Als ich das hörte, jubelte mein Herz vor Freude. Ein solches Lied in einer solchen Hütte! Es ist etwas anderes, wenn man es in einer ehrwürdigen, alten Kirche hört, vielleicht auch zu Hause über eine Stereoanlage. Aber aus der ärmsten Hütte eines armen Dorfes!

Ich sah den jungen Theologiestudenten vor mir an. »Jesus sagt, das Reich der Himmel ist mitten unter euch. Du kannst es im Lukasevangelium lesen (17,21). Was Bultmann sagt, ist falsch. Was Jesus sagt, ist richtig. Der Himmel ist kein Mythos oder ein Märchen. Der Himmel ist der vorbereitete Platz für vorbereitete Leute. Theologie in den Händen des Heiligen Geistes ist eine schöne Wissenschaft. Aber in den Händen von Ungläubigen ist das der Tod. Wenn du wissen willst, wo der Himmel ist, dann geh heraus aus deinem muffigen Vorlesungsraum, geh in die Dörfer und höre auf den einfachen Glauben derer, die nichts als die Bibel haben und die auf Gott vertrauen.«

»Danke«, sagte der junge Mann.

»Denk dran«, rief ich ihm nach: »Wo Jesus ist, da ist der Himmel!«

»Ich vergesse es nicht mehr«, rief er fröhlich zurück.

20
Von der Versuchung, aufzugeben

Und wie soll jemand hingehen und ihnen die Botschaft Gottes sagen, wenn er nicht dazu beauftragt wurde?
Römer 10,15

Der Feind tut, was er kann, damit die Pläne Gottes zur Rettung der Menschen schiefgehen. Es sind oft nicht die großen Probleme, die mich niederdrücken, sondern die vielen kleinen Unannehmlichkeiten, die sich vor mir auftürmen und, obwohl es doch nur kleine Steine sind, ein unüberwindliches Gebirge zu bilden scheinen. Kürzlich machten mir solche kleinen Zwischenfälle so sehr zu schaffen, dass ich dem Herrn meinen Auftrag am liebsten zurückgegeben hätte.

Ich reise oft von einem Land ins andere, und weil ich weiß, dass Schmuggel Sünde ist, schmuggele ich nicht. Trotzdem machte mir der Zollbeamte am Flughafen zu schaffen.

»Haben Sie etwas zu verzollen?«, fragte er.

»Ja«, antwortete ich. »Nylonstrümpfe.«

Ich hatte sie in meinem Koffer obenauf liegen und zeigte sie ihm. Damals waren sie noch zollpflichtig.

»Das sind vier Paar«, sagte er. »Sie haben nur von einem Paar gesprochen.«

»Nein, das habe ich nicht.«

Aber er glaubte mir nicht. Er nahm meinen Koffer und wühlte ihn von oben bis unten durch und brauchte fast eine Stunde dazu. Jede kleine Schachtel untersuchte er, ob sie nicht einen falschen Boden hätte. In meiner Zahncremetube schien er Diamanten zu vermuten. Meine Schuhe klopfte er ab nach hohlen Absätzen, in denen Rauschgift geschmuggelt werden konnte. Er tastete die Säume meiner Kleider ab, als suche er nach Perlen. Er fand natürlich nichts. Ich bezahlte für die Strümpfe und ging durch den Zoll; ich war ärgerlich und unglücklich. Später wurde mir klar, warum mich diese Sache so umgeworfen hat. Ich hatte meine eigene Gerechtigkeit dem Herrn noch nicht ausgeliefert. Ich war von meiner Ehrenhaftigkeit so überzeugt, dass mich das Verhalten des Zollbeamten verwundete. Es ist oft leichter, dem Herrn die Sünden auszuliefern als die Tugenden.

Aber damals war ich noch nicht so weit. Mit verletztem Stolz ging ich in die Wartehalle und stellte fest, dass ich die Maschine verpasst hatte. Ich musste die Nacht auf dem Flughafen verbringen und schlief auf einer Couch im Damenzimmer. Ich habe einen guten Schlaf, steckte mir trotzdem Ohropax in die Ohren und wurde am anderen Morgen von der Reinemachefrau bestaunt, die um meine Couch herum schon geputzt hatte. »Dass Sie bei diesem Krach so gut schlafen können!«, sagte sie voll Bewunderung.

Schließlich gerieten wir mit dem Flugzeug in einen Sturm und mir wurde übel. In der darauffolgenden Nacht gab es ein Erdbeben; ich hasse Erdbeben, weil sie mich immer an die Zeit der Bomben im Krieg erinnern.

Als ich am Ziel meiner Reise ankam, sagten die freundlichen Leute, die meine Versammlungen organisieren wollten: »Wir dachten, Sie brauchten ein paar freie Tage, um sich zu erholen. Deshalb haben wir hier nichts organisiert.«

Das ist tatsächlich manchmal Gottes Wille. Aber oft steht dahinter nur die Faulheit der Leute, die die Vorbereitungen hätten treffen müssen. Ich war verdrossen über so viel Nachlässigkeit und nahm es ihnen nicht ab, dass sie nur an mein Wohl gedacht hatten.

Eine Lächerlichkeit schlug dann dem Fass den Boden aus und ich schäme mich fast, es einzugestehen: Meine Gastgeber führten mich in ein kleines Zimmer, in dem kein Tisch stand, an dem ich hätte schreiben können. Normalerweise hätte mich das wenig gestört. Ich kann auch auf meinen Knien schreiben. Aber nach all dem Vorangegangenen auch noch das – ich sank in mich zusammen wie ein Ballon, dem die Luft ausgeht.

»Arme Corrie.« Damit fängt er seine Gespräche mit mir immer an. Selbstmitleid ist ein immer gut funktionierender Türöffner für den Teufel. Er schätzt es bei den Menschen und schätzte es nun auch bei mir. Und alles hatte angefangen mit dem Blick auf meine Koffer. »Warum musst du auch nur immer aus den Koffern leben?«, hatte er gesagt. »Bleib zu Hause, dann hast du keinen Ärger mit Zollbeamten, Passstellen, Gepäck, Flugverbindungen und ähnlichen Dingen. Jede Nacht kannst du in deinem bequemen Bett schlafen und Erdbeben gibt es in Holland schon gar nicht. Außerdem bist du auch nicht mehr jung. Seit vielen, vielen Jahren lebst du wie ein Tramp. Es wird Zeit, dass du aus dem Geschirr gehst und dich an einen hübschen grünen Platz zurückziehst. Lass andere Leute jetzt die Arbeit tun. Du hast genug getan.«

Ich nickte und sagte zu mir: »Ja, ja, du hast Recht.« Und dann habe ich an einen Freund in Holland geschrieben, der ein internationales Gästehaus leitete. Ich hatte dort ein Zimmer für die Zeit, wenn ich in Holland arbeitete. Dort standen auch ein paar meiner Möbel.

»Ich glaube, es ist jetzt an der Zeit, dass ich in Holland arbeite«, schrieb ich. »Ich bin das viele Reisen satt. Könntest du es einrichten, dass man mir bald einen Tisch – einen großen – vor das Fenster in meinem Zimmer stellt; dann noch einen bequemen Sessel und noch einen kleinen leichten auf die rechte Seite ...« In meiner Fantasie hatte ich mir einen lieblichen Traum vom Himmel auf Erden ausgemalt.

Nachdem ich den Brief in den Kasten geworfen hatte und wieder in meinem kleinen Zimmerchen war, holte ich mir den Kalender heraus und aus meinem Adressbuch all die Namen der Leute, denen ich nun meine Absagebriefe schreiben wollte. Ich war überzeugt, jeder würde es verstehen, dass ich endlich Ruhe brauchte. Es klang mir ja noch in den Ohren, wie sie immer sagten: »Nein, wie müde musst du sein: In deinem Alter noch so viel Arbeit!« Ja, gerade hier hatten sie es wieder gesagt und deshalb (deshalb?) ein paar Ruhetage für mich bestimmt.

Alles wäre nun auch weiter gut gegangen (ehrlicherweise sollte ich sagen: schlecht gegangen), wenn ich nicht an jenem Abend in einem Buch von Amy Carmichael, einer Missionarin in Indien, gelesen hätte und dann in der Bibel. Ich schlug den Brief an die Römer auf und las im 10. Kapitel: »Doch wie können sie ihn anrufen, wenn sie nicht an ihn glauben? Und wie können sie an ihn glauben, wenn sie nie von ihm gehört haben? Und wie können sie von ihm hören, wenn niemand ihnen die Botschaft verkündet? ... Das ist gemeint, wenn es in der Schrift heißt: ›Wie wunderbar ist es, die Boten kommen zu hören, die gute Nachrichten bringen!‹«

Mir kamen die Worte eines Ausbilders von Fallschirmjägern in den Sinn. Er erzählte mir, dass er, wenn er mit seinen Leuten im Flugzeug oben über dem Absprungziel ist, vier Kommandos gibt: Erstens: Achtung! (Aufsehen! Johannes 4,35)

Zweitens: Stellt euch in die Tür! (Seht auf das Feld, es ist reif zur Ernte; Johannes 4,35)

Drittens: Festhaken! (Werdet erfüllt mit dem Heiligen Geist; Johannes 20,22)

Viertens: Mir nach! (Ich will euch zu Menschenfischern machen; Markus 1,17)

Ich dachte nach. Lange Zeit saß ich in dem winzigen Zimmerchen ohne Tisch und merkte nicht mehr, dass es klein war und keinen Tisch zum Schreiben hatte. Ich fand, dass es nicht meine Aufgabe war, Gott Instruktionen zu geben. Wir haben sie von ihm zu empfangen.

Ich legte meine Bibel neben mich auf das Bett, nahm Papier und Kugelschreiber, balancierte alles auf meinem Knie und schrieb an den Freund in Holland:

»Vergiss, was ich in meinem letzten Brief geschrieben habe. Ich hoffe, bis zum letzten Augenblick zu arbeiten und in den Sielen zu sterben. Die Felder sind weiß. Wir müssen ernten.«

21

Ich will hingehen, wo ich hingehen soll, lieber Herr – aber nicht diese zehn Treppen

Weil Gott so barmherzig ist, fordere ich euch nun auf, liebe Brüder, euch mit eurem ganzen Leben für Gott einzusetzen. Es soll ein lebendiges und heiliges Opfer sein – ein Opfer, an dem Gott Freude hat.
Römer 12,1

Am Sonntagmorgen hatte ich in einer Kirche in Kopenhagen gesprochen. Ich hatte die Leute gedrängt, sich selbst als lebendiges Opfer dem Herrn zu übergeben. Ich hatte gesagt, dass auch ich, obwohl ich eine alte Frau sei, mich noch völliger Jesus ausliefern möchte, dass ich tun wolle, was er wünscht, dass ich gehen wolle, wohin er mich sendet, auch wenn das Sterben bedeutet.

Nach dem Gottesdienst kamen zwei junge Krankenschwestern. Sie luden mich zu einer Tasse Kaffee in ihre Wohnung ein. Ich war sehr müde. Das lange Stehen begann mich zu erschöpfen. Ich war immerhin schon in meinem achten Jahrzehnt. Eine Tasse Kaffee war da eine gute Aussicht und ich nahm ihre Einladung an.

Aber ich war auf den Weg zu ihrem Appartement nicht vorbereitet. Kopenhagen hat alte, hohe Häuser, in denen es aber keinen Aufzug gibt. Die Krankenschwestern lebten im zehnten Stock eines solchen Hauses und wir mussten die Treppen steigen.

»O Herr«, sagte ich, als ich das Haus sah, »das schaffe ich nicht.« Aber die Schwestern baten mich so inständig, dass ich es versuchen wollte. Als wir den fünften Stock erreichten, schlug mein Herz wie wild, und meine Beine waren so müde, dass ich glaubte, keine einzige Stufe mehr steigen zu können. Ich sah einen Stuhl und handelte mit dem Herrn: »Herr, lass mich hier eine Weile sitzen, während die Schwestern hinaufgehen. Ich bin so unglücklich.«

Aber die Schwestern warteten geduldig, als ich mich auf den Stuhl fallen ließ, um auszuruhen. Innerlich stöhnte ich: »Herr, warum muss ich nach einem so anstrengenden Tag auch noch diese Treppen steigen!« Und dann hörte ich, wie Gott zu mir sprach – lauter als mein pochendes Herz: »Weil ein großer Segen auf dich wartet, eine Arbeit, bei der ich dir die Freude der Engel schenken will.«

Ich sah auf die Treppen. Ich kam mir wie in einem Turm vor, der hoch oben in den Wolken des Himmels verschwand. Vielleicht will mich Gott da oben zu sich holen, dachte ich. O ja, da hätte ich die Freude der Engel. Ich versuchte, die Treppenstufen zu zählen. Es waren an die hundert, die noch vor mir lagen. Aber wenn Gott mir da oben die Freude der Engel gab, dann musste ich eben weitersteigen. Ich erhob mich von meinem Stuhl und schleppte mich weiter, Stufe für Stufe, eine Schwester vor mir und die andere hinter mir.

Oben im zehnten Stock war die Wohnung. Auf dem Tisch stand ein einfaches Essen. Die Mutter und der Vater einer der beiden Schwestern hatten es zubereitet und den Tisch gedeckt.

Ich wusste, ich hatte nur wenig Zeit, und wusste auch, dass uns hier ein besonderer Segen erwartete. So begann ich ohne weitere Einführung mit meinen Fragen.

»Sagen Sie mir«, fragte ich die Mutter, »ist es lang her, dass Sie Jesus als Ihren Heiland angenommen haben?«

»Ich bin ihm noch nie begegnet«, sagte sie. Ich sah ihr an, wie überrascht sie über meine Frage war.

»Wollen Sie ihm denn begegnen? Er liebt Sie. Ich bin in mehr als 60 Länder gereist und habe noch nie jemanden gefunden, dem es leid getan hätte, dass er Jesus als seinen Heiland angenommen hat. Ihnen wird es genauso wenig leid tun.«

Ich öffnete meine Bibel und zeigte auf ein paar Verse, die vom Heil sprachen. Sie hörte aufmerksam zu. Dann fragte ich sie alle beide: »Sollen wir jetzt nicht mit dem Herrn reden?«

Ich betete. Dann beteten die beiden Schwestern und am Ende faltete die Mutter ihre Hände und sagte: »Herr Jesus, ich weiß schon viel von dir. Ich habe schon viel in der Bibel gelesen. Aber nun bitte ich dich: Komm in mein Herz. Ich brauche Reinigung und Erlösung. Ich weiß, dass du am Kreuz für die Sünden der ganzen Welt starbst und auch für meine Sünden. Bitte, Herr, komm in mein Herz und mach mich zu einem Kind Gottes. Amen.«

Als ich aufblickte, sah ich Tränen der Freude im Gesicht der jungen Schwester. Sie hatte zusammen mit ihrer Freundin so viel für ihre Eltern gebetet und nun hatte sie die Antwort. Ich drehte mich um und sah zum Vater, der bisher still dabeigesessen hatte.

»Und Sie?«, fragte ich ihn.

»Ich habe noch nie eine solche Entscheidung für Jesus Christus getroffen«, sagte er ernst. »Aber ich habe zugehört, als Sie mit meiner Frau sprachen, und nun weiß ich den Weg. Ich möchte Jesus auch bitten, dass er mich rettet.«

Er beugte seinen Kopf und dann hörte ich ihn beten. Es war ein frohes, aber sehr ernstes Gebet, mit dem er sein Leben Jesus Christus gab. Plötzlich war der Raum mit so großer Freude erfüllt, ja, ich wusste, dass jetzt die Engel hier waren und dass sie das Lob Gottes sangen.

»Danke, Herr«, betete ich, als ich die vielen Treppen wieder hinunterstieg. »Danke, dass ich all diese Treppen hinaufsteigen konnte – und Herr, beim nächsten Mal hilf doch Corrie ten Boom, dass sie besser zuhört, wenn sie wieder einmal über die Bereitschaft predigt, dir überallhin zu folgen, wohin du deine Kinder führst – auch wenn es zehn Stockwerke hinaufgeht.«

22

Für alle Welt – es fängt mit einem an

Auf meinem ganzen heiligen Berg wird niemand mehr etwas Böses tun oder Unheil stiften, denn wie das Wasser das Meer füllt, so wird die Erde mit der Erkenntnis des Herrn erfüllt sein.
Jesaja 11,9

In Russland ist es ein Risiko, jemandem ein Traktat zu geben. Wenn es eine einzelne Person ist, mit der du sprichst, dann mag es zuweilen noch möglich sein. Ist aber eine dritte Person zugegen, dann wird die Sache schwierig, denn keiner von den beiden weiß, ob sie der andere nicht bei der Geheimpolizei verrät.

Conny und ich wohnten eine Woche lang in einem Leningrader Hotel. Als wir zum Frühstück gingen, begegneten wir auf dem Flur einer Putzfrau. Ich gab ihr ein Traktat mit einem einfachen russischen Text. Es war überschrieben mit: »Der Weg des Heils«. Es enthielt nur Bibelverse und keinerlei sonstigen Kommentar.

Die Frau warf einen Blick auf das Traktat und einen zweiten Blick auf die andere Frau, die mit ihr auf dem gleichen Flur arbeitete. Dann steckte sie mir das Traktat schnell wieder zu und machte dazu eine entsprechende Handbewegung: »Das ist nichts für mich.«

Sie tat mir leid. Wenn du jemandem helfen willst und er sagt Nein, dann tut das weh. Conny und ich setzten unseren Weg zum Frühstücksraum fort. Im Aufzug legte ich meine Last auf den Herrn. »Vater«, sagte ich, »ich kann diese Frau nicht erreichen. Bring du sie doch mit jemandem in Verbindung, der ihr das Evangelium in ihrer eigenen Sprache sagen kann. Herr, ich beanspruche diese Frau für dein Reich.«

Als ich das ausgesprochen hatte, erschrak ich über die Kühnheit meiner Bitte. So hatte ich in meinem ganzen Leben noch nicht gebetet. Durfte ich so mit Gott reden? Konnte ich über die Entscheidung eines Menschen so bestimmen? Konnte ich ihn wirklich beanspruchen? In einer Art PS bat ich: »Herr, war es richtig oder nicht? Darf ich so beten?« Und dann hörte ich, bevor ich auch nur eine Antwort von ihm bekommen konnte, mich weiterbeten: »Herr Jesus, ich beanspruche ganz Russland für dich.«

Und nun fuhr mir tatsächlich der Schreck in die Glieder.

Der Aufzug stoppte und Conny und ich gingen durch den langen Korridor zum Frühstücksraum. Ich war verwirrt. Mein Kopf war rot und heiß. »Herr«, betete ich wieder. »War das richtig? War das nicht zu viel? Aber nein, Herr, dein Wort sagt: ›Die Erde ist des Herrn … Die Welt und was in ihr wohnt.‹« Dieser Vers steht im 24. Psalm. Ich kannte ihn gut. Und so fuhr ich fort: »Und das bezieht sich doch auch auf Russland!«

Als wir den Frühstücksraum betraten, war ich noch sehr unruhig. Er war voll besetzt. Der Ober kam und sagte: »Sie sind nur zu zweit. Hier ist alles für große Gruppen reserviert. Sie können hier nicht frühstücken.«

Wir sahen uns um. Ein Japaner hatte den Ober gehört und winkte uns an seinen Tisch, wo es noch zwei leere Plätze gab.

»Sie können hier Platz nehmen«, sagte er. »Sie gehören dann einfach für die Zeit des Frühstücks zu unserer Gruppe.«

Als der Ober dahinterkam, weigerte er sich, uns zu bedienen. Mir wurde dabei ungemütlich zumute. Ich beugte mich zu Conny hinüber und sagte: »Ich habe noch ein paar Rosinenbrötchen oben im Zimmer. Wir haben auch noch Nescafé und warum sollen wir hier sitzen und warten? Wir können in unserem Zimmer frühstücken.«

Wir gingen zurück und genossen unser Frühstück ohne Aufstrich und Kaffeesahne. Dann klopfte es plötzlich an unserer Tür. Conny öffnete und da stand die Frau, die das Traktat nicht hatte annehmen wollen. Ihr Haar war straff zurückgekämmt und zu einem festen Knoten zusammengebunden. Ich sah ihre schweren Lederschuhe, die bei jedem Schritt knarzten. Sie schloss die Tür hinter sich und nun ergoss sich ein Strom russischer Sätze aus ihrem Mund, von denen wir nicht einen einzigen verstanden. Mit ihrem Finger zeigte sie auf meine braune Handtasche.

»Conny, sie will das Traktat!« Ich war ganz aufgeregt. Conny gab ihr eins, aber es war nicht das gleiche, das wir ihr im Flur angeboten hatten. Sie sah es an, schüttelte mit dem Kopf und zeigte wieder auf die Tasche.

»Conny, sie will ›Den Weg des Heils‹ haben.« Ich stand auf, wühlte in meiner Tasche und fand das Traktat. Ich lächelte und hielt es ihr hin. Sie sah es an und da muss eine große Freude über sie gekommen sein. Ihre Augen leuchteten. Sie nickte und verschwand so schnell, wie sie gekommen war.

Ich jubelte vor Freude, denn Gott hatte mein Gebet erhört. Und demnach habe ich nicht zu viel beansprucht. Das erste Gebet war nun schon beantwortet und ich war sicher: das zweite, das ich nur im Heiligen Geist habe beten können, weil ich selbst noch nie so gedacht hatte, würde ebenfalls mit einem Ja beantwortet werden.

Conny war genauso begeistert wie ich. Sie nahm ihre Bibel und las jene Stelle aus Habakuk 2,14: »Die ganze Erde wird die Herrlichkeit des Herrn erkennen und davon erfüllt sein, so wie Wasser das ganze Meer füllt.« Was für eine Verheißung – das ganze Russland unter dem Meer seiner Herrlichkeit!

Wieder klopfte es an der Tür. Da stand die Frau wieder. Sie kam herein und legte ein langes, frisches Weißbrot auf den Tisch. Auf ihrem Gesicht lag noch die Freude. Wir durften ihr nichts bezahlen. Es war ihr Dankopfer an Gott.

Es war das beste Frühstück meines Lebens.

23

Gott fragt nach meiner ersten Liebe

Aber ich habe gegen dich, dass du deine erste Liebe verlassen hast.
Offenbarung 2,4

Nachdem ich 20 Jahre lang als Landstreicher Gottes durch die Welt gereist war, wurde ich plötzlich krank. Ich war nun schon 73 Jahre alt und mein Körper begann müde zu werden. Der Arzt untersuchte mich und sagte: »Corrie, wenn du so weiterarbeitest, ist es mit dir bald zu Ende. Du müsstest jetzt eine Ruhepause einlegen. Sagen wir, ein Jahr. Dann kannst du vielleicht noch ein paar Jahre weiterarbeiten.«

Ich überlegte die Sache mit meinem himmlischen Arbeitgeber und da machte er mir klar, dass der Rat des Arztes von ihm gekommen war. Daraufhin kam mir der Gedanke, dass ich dieses Sabbatjahr in Lweza verbringen könnte, einem schönen Haus in Uganda. Vor einigen Jahren hatte ich mich dafür eingesetzt, dass das Haus Missionaren oder anderen Arbeitern in Gottes Königreich zur Verfügung gestellt würde. Nun fand ich das Brot, das ich auf das Wasser geworfen hatte, wieder. Das Haus liegt in einem großen Park, das Klima ist ideal, die Natur üppig – Lweza ist ein Paradies. Ein vergessenes Stück vom Garten Eden. Ich würde dort auch arbeiten können. In Kampala, der nächsten Stadt, gab es

Universitätsinstitute, Kirchen, Gefängnisse und christliche Gruppen. Zwei oder drei Versammlungen wöchentlich würden meinen Geist lebendig erhalten und das größte Vergnügen bestand darin, dass ich jede Nacht in demselben Bett schlafen konnte. Das würde eine umwälzende Veränderung sein, denn in den letzten zwanzig Jahren hatte ich sicher in mehr als tausend verschiedenen Betten geschlafen und beständig aus meinem Koffer gelebt. In diesem Jahr sollte ich nun ausruhen. Ich würde meine Kleider aufhängen können, meine Wäsche in einen Schrank legen und meinen Kopf – o, was für eine Wonne! – jede Nacht auf dasselbe Kissen legen.

Im November war das Sabbatjahr um. Conny und ich holten die alte Weltkarte aus dem Schrank, legten sie auf mein Bett und dann machten wir den Arbeitsplan für das nächste Jahr. So hatte ich das auch in den letzten zwanzig Jahren immer gemacht. Wir wollten aber auch dieses Mal nicht unseren Plan machen und Gott dann um seine Unterschrift bitten. Wir hatten eine andere Methode: Zuerst hörten wir, was Gott für uns geplant hatte, und dann setzten wir unsere Unterschrift darunter. Wir wollten vom Heiligen Geist verplant werden. Gottes Plan erschien Conny ziemlich verheißungsvoll: drei Monate in verschiedenen Ländern Afrikas, zwei Monate Amerika und dann drei Monate in Osteuropa hinter dem Eisernen Vorhang.

»Danke, Herr Jesus«, sagte Conny. Aber ich war nicht so dankbar. Conny war noch jung, viel jünger als ich. Sie reiste gern. Aber ich wurde alt und war noch immer müde. Als ich wieder alleine war, sagte ich zu meinem Herrn: »Ich will lieber hierbleiben, Herr. Es gibt so viel Arbeit in Kampala und in Entebbe, den zwei Städten hier. Ich will für dich arbeiten. Ich will jeden Tag Versammlungen haben, Seelsorge betreiben und Bücher schreiben – aber bitte lass mich jede Nacht in demselben Bett schlafen. Jeder wird es verstehen, dass ich es in meinem hohen Alter ein bisschen leichter haben möchte.«

Nun wurde mein Herz froh. Ja, das war ein besserer Plan. Dann rief mich Conny zu einem Besucher. Es war ein afrikanischer Pfarrer aus dem weit entfernten Ruanda, ein feiner Christ. Er freute sich so, als er mich sah, und er mochte von Conny schon gehört haben, dass wir nach unserem – von mir inzwischen verworfenen – Plan auch nach Ruanda kommen wollten und hieß mich mit beredten Worten willkommen. »Wir sind so froh, dass Sie wieder nach Ruanda kommen«, sagte er und strahlte über das ganze Gesicht. »Sie haben uns vor fünf Jahren sehr geholfen, als Sie uns erzählten, was Sie in den schweren Jahren mit dem Herrn erlebt haben. Wissen Sie noch, wie Sie sagten: ›Nicht mein Glaube hat mich durch drei Gefängnisse getragen. Mein Glaube war schwach und schwankend. Es war der Herr Jesus, der gesagt hat: Ich bin bei euch alle Tage. Er hat mich durchgetragen.‹« Und dann zitierte er mich weiter:

»Sie sagten: ›Ich habe immer geglaubt, dass das Licht Jesu stärker ist als die tiefste Dunkelheit. Jetzt weiß ich es aber aus Erfahrung. Und es ist gut, dass ich euch das sagen kann. Ihr könnt in schwere Zeiten kommen. Dann könntet ihr unsicher werden und sagen: Ich habe nicht Corrie ten Booms Glauben! Ist es aber Jesus, dann könnt ihr vertrauen, dass derselbe Heiland, der Corrie ten Boom durchgetragen hat, auch euch tragen wird.‹«

Merkte der Mann denn gar nichts? Nein, denn er fuhr unbekümmert fort und war dabei so fröhlich, dass es mir auf die Nerven ging: »Das war damals, als ich es hörte, auch für mich interessant, aber damals war das noch alles Theorie. Keiner von uns hatte bis dahin in einem Gefängnis gesessen. Inzwischen hatten wir Bürgerkrieg. Viele von uns wurden gefangen, ich selbst war zwei Jahre in Haft. Da haben wir uns an alles, was Sie gesagt haben, erinnert, und es hat uns sehr getröstet. Deshalb freuen wir uns so sehr, dass Sie wieder nach Ruanda kommen.«

Ich selbst freute mich nicht. Dieses Gespräch ging in eine ganz andere Richtung, als ich es wünschte. Und weil es in solchen Fällen immer klüger ist, selber Fragen zu stellen, weil man auf diese Weise die Richtung eines Gesprächs bestimmen kann, fragte ich: »Wie geht es den Gemeinden in Ruanda? Was für eine Botschaft braucht ihr dort?«

Ohne auch nur einen Augenblick zu zögern, öffnete der Bruder seine Bibel und las: »Dies sagt der, der die sieben Sterne in seiner Rechten hält, der inmitten der sieben goldenen Leuchter wandelt: Ich kenne deine Werke und deine Mühe und dein Ausharren und dass du Böse nicht ertragen kannst; und du hast die geprüft, die sich Apostel nennen und es nicht sind, und hast sie als Lügner befunden; und hast Ausharren und hast vieles getragen um meines Namens willen und bist nicht müde geworden. Aber ich habe gegen dich, dass du deine erste Liebe verlassen hast. Denke nun daran, wovon du gefallen bist, und tue Buße und tue die ersten Werke ...!« (Offenbarung 2,1-5)

Der Pfeil traf mich mitten ins Herz. Nicht nur Ruanda und nicht nur die Gemeinde von Ephesus brauchten diese Botschaft – es war Corrie ten Boom, die sie bitter nötig hatte. Ich hatte meine erste Liebe verlassen!

Als ich vor 20 Jahren aus dem KZ kam, hatte ich Hungerödeme und war elend vor Schwäche, aber in meinem Herzen brannte eine große Liebe, eine Liebe für den Herrn, der mich so treu hindurchgetragen hatte; Liebe für die Menschen um mich herum und ein übermächtiges Verlangen, ihnen zu sagen, dass Jesus eine Wirklichkeit ist, dass er lebt, dass er Sieger ist. Und ich wusste es aus Erfahrung.

Deshalb ging ich damals nach Deutschland und wohnte zwischen den Ruinen. Deshalb reiste ich dann zwanzig Jahre lang um die Welt. Jeder sollte es wissen, dass es nichts ausmacht, wie tief wir auch fallen, dass darunter immer noch die ewigen Arme sind, die uns tragen wollen.

Und jetzt? Jetzt war ich an meinem Bett interessiert.

Ich hatte meine erste Liebe verlassen.

Ich bat meinen afrikanischen Bruder weiterzulesen. Und er las:

»Denke nun daran, wovon du gefallen bist, und tue Buße und tue die ersten Werke! Wenn aber nicht, so komme ich zu dir und werde deinen Leuchter von seiner Stelle wegrücken, wenn du nicht Buße tust.« Da wurde ich plötzlich wieder froh. Ich sah die Tür zur Buße weit offen. Meine Sünde, mein kaltes Herz konnte ich dem bringen, der treu und gerecht ist und die Sünde vergibt. Ich tat es. Ich bekannte und bat um Vergebung. Und da geschah, was immer geschieht, wenn wir im Namen Jesu eine Sünde zu Gott bringen: Er vergab mir. Jesus reinigte mein Herz und erfüllte mich mit seinem Heiligen Geist. Und die Frucht des Geistes – ich fühlte, wie Gott sie in mein Herz ausgoss: Gottes Liebe. Nun setzte ich meine Reisen wieder fort und Ströme lebendigen Wassers goss der Herr auf die durstige Welt Afrikas, Amerikas und Osteuropas. Es war eine ungeheure Erfahrung der Liebe Gottes, eine ganz große Freude.

Natürlich kann es Gottes Wille sein, dass alte Leute sich zurückziehen, dass sie sich im Dank gegen den Herrn über ihre Pensionen freuen. Mich führte der Weg des Gehorsams immer weiter zu Flugplätzen, Bahnhöfen und in immer neue Betten. Ich reiste mehr als je zuvor.

Jesus warnt uns in Matthäus 24,12 davor, dass die Liebe vieler Menschen erkalten wird, und es ist leicht, zu den vielen zu gehören. Aber die Tür zur Buße ist weit offen – halleluja!

24

Im Licht leben

Doch wenn wir wie Christus im Licht Gottes leben, dann haben wir Gemeinschaft miteinander, und das Blut von Jesus, seinem Sohn, reinigt uns von jeder Schuld.
1. Johannes 1,7

Unsere letzten Wochen in Lweza erwiesen sich als die fruchtbarsten der ganzen Zeit, die wir hier verbracht hatten, denn in diesen Wochen bekam ich auf einem anderen Gebiet Unterricht. Es handelte sich um das Leben im Licht.
An einem Nachmittag saßen Conny und ich draußen im Garten und sahen zu, wie die Affen von einem Baum auf den anderen sprangen. Tiere, Bäume und Sträucher bildeten einen bunten Wirbel von Farben und Geräuschen, und mein Herz war erfüllt von Gottes Lob über all diese Schönheit.

Aber Conny war enttäuscht. Sie hatte in Kampala einen Mädchenklub gegründet und viele Stunden dafür gearbeitet, bis sie am Ende herausfand, dass die Mädchen gar nicht daran interessiert waren. Ich dachte über ihre Enttäuschung nach und hatte den Eindruck, dass sie viel tiefer ging, als die Sache mit dem Mädchenklub es vermuten ließ.

Ich hatte gerade begonnen, mit ihr darüber zu sprechen, als wir von einem Mann unterbrochen wurden, der sich langsam auf uns zubewegte. Conny zwinkerte mit den Augen in die Richtung, aus der er kam, und rief: »Es ist William Nagenda!«

Es war eine große Freude, diesen lieben, afrikanischen Heiligen wiederzusehen. Ich kenne keinen Afrikaner, mit dem ich so viel gelacht und von dem ich so viel gelernt habe.

Nachdem wir uns begrüßt hatten, sagte William:

»Als ich euch von Weitem hier zusammensitzen sah, stieg eine Frage in mir hoch: ›Ob sie wohl miteinander im Licht leben?‹«

Wie aus einem Munde kam die Antwort: »O ja, wir leben zusammen im Licht. Wir sind ein Team.«

Da rief mich ein Junge aus dem Haus ans Telefon. Ich entschuldigte mich und ließ Conny und William allein.

Conny erzählte mir dann am Abend, wie es weitergegangen war:

Conny saß im Korbstuhl und William hockte sich neben sie ins Gras.

»Ich muss dir etwas bekennen«, sagte Conny. »Und was wäre das?«, fragte er freundlich.

»Deine Frage stach mir ins Herz. Ich muss dir nämlich sagen, dass ich in Wirklichkeit nicht mit Tante Corrie im Licht lebe.«

Über Williams Gesicht flog ein breites Lächeln und in seinen Augen begann es zu blitzen.

»Nun weiß ich wenigstens, warum mir Gott diese seltsame Frage gestellt hat.«

Conny blieb ernst. »Tante Corrie ist viel reifer als ich«, fuhr sie fort. »Sie lebt mit Jesus seit vielen Jahren. Und immer wieder hat sie auch für ihn gelitten. Und wenn ich dann sehe, dass in ihrem Leben irgendetwas nicht in Ordnung ist, dann kann ich es ihr nicht sagen.«

»Oh«, sagte William überrascht. »Das ist nicht gut. Der Herr will, dass du Tante Corrie gegenüber ganz ehrlich bist. Deshalb hat er dich doch mit ihr zusammengeführt. Wenn sie im Licht lebt und du lebst auch im Licht, dann sorgt jeder von euch beiden dafür, dass der Weg des anderen hell erleuchtet bleibt.«

An diesem Abend setzte sich Conny zu mir auf die Bettkante. »Tante Corrie«, sagte sie, »es fällt mir wirklich schwer, es dir zu sagen, aber ich weiß jetzt, dass ich im Licht leben muss.«

Ich drehte mich zu ihr um und sah sie an. Ich sah, wie es in ihr arbeitete, als sie eine Sache nach der anderen vorbrachte, die sie an mir störten – Dinge, die ich tat und von welchen sie annahm, dass ich damit Gott nicht ehrte.

Es fiel mir nicht leicht, das alles anzuhören – alles Verhaltensweisen und Entscheidungen, die einen Schatten in Connys Herz geworfen hatten. Aber was war das alles gegen die Tatsache, dass Conny jetzt mir gegenüber völlig aufrichtig war! Ich tat Abbitte wegen der Dinge, die sie vorgebracht hatte, und dankte ihr, dass sie sie ins Licht gestellt hatte. Es war mir ernst, als ich sie bat: »Lass uns miteinander im Licht leben.«

Aber es war noch immer schwer für sie. Sie war so viel jünger als ich und verstand sich noch als Lernende. Und obwohl ich ihr klar zu machen versuchte, was es für mich bedeutete, dass sie mich korrigierte, fand sie es doch weiterhin schwierig. Zum letzten Durchbruch kam sie, nachdem wir Afrika verlassen hatten.

Ein paar Wochen lang waren wir in Rio de Janeiro, eine der schönsten Städte der Welt. Und als wir weiterfliegen wollten – es sollte nach Buenos Aires gehen –, stellten wir fest, dass unsere Koffer zu schwer waren. Die freundlichen Leute in Rio hatten uns so viele Geschenke gebracht, dass unser Gepäck mehr als 20 Kilogramm Übergewicht hatte. Es hätte sehr viel Geld gekostet, wenn wir das alles nach Argentinien mitgenommen hätten.

Ich packte also mein Gepäck aus und machte drei Haufen: Einen wollte ich nach Holland schicken, einen an die Armen in Rio geben, und der kleinste kam zurück in meinen Koffer. Diese Sachen wollte ich mitnehmen.

Nachdem ich mit meinem Gepäck fertig gewesen war, ging ich schnell in Connys Zimmer und machte es mit ihren Sachen genauso: einen Haufen für Holland, einen Haufen für Rio und den kleinsten zum Mitnehmen. Ich war so sicher, dass das alles richtig war, und in solcher Eile, dass ich gar nicht merkte, dass Conny schwieg.

Wir hatten in Buenos Aires eine gute Zeit und eines Tages machten wir einen weiten Spaziergang an einer einsamen Stelle am Strand. Ich freute mich über die schöne Aussicht, die diese ruhige Bucht uns bot. Da begann Conny zu sprechen. Ihre Stimme klang gepresst, als sie sagte: »Ich habe es Gott versprochen, dass ich im Licht leben will, und das bedeutet, dass ich dir heute etwas sagen muss. Als du meinen Koffer auspacktest und bestimmtest, was nach Holland gehen und was in Rio bleiben und was ich mitnehmen sollte, da hat mich das nicht gerade glücklich gemacht.«

Da ging mir ein Licht auf. Wie hatte ich auch so töricht und taktlos sein können! Ich suchte Connys Hand und sagte: »Vergib mir. Wie konnte ich nur so gedankenlos sein.«

»Ich vergebe dir«, sagte Conny. Sie hatte wie ich gelernt, dass man mit dem Bekenntnis eines anderen genauso wenig spielen kann wie mit der Sünde. Und dass man über ein solches Bekenntnis auch nicht hinweghören darf. Wir haben beide gelernt, sofort zu vergeben.

Wir gingen weiter und nach einer langen Zeit des Schweigens begann Conny wieder zu sprechen.

»Bist du unglücklich, Tante Corrie? Du bist so still«, sagte sie. Nun war es meine Sache, ins Licht zu gehen.

»Sag mal, Conny«, sagte ich, »warum hast du mir das nicht gleich gesagt? Dann wäre die Sache gleich ausgeräumt gewesen und du hättest nicht während dieser ganzen Tage die Finsternis mit dir herumschleppen müssen. Von jetzt an lass uns doch beide ›die Wahrheit in Liebe‹ sagen und niemals die Sonne über unseren Missverständnissen untergehen lassen!«

Das war eine gute Lektion. Von nun an versuchten wir im Licht zu leben.

25
Sicher in Jesus

Den Unverheirateten und Verwitweten sage ich aber, dass es besser ist, so wie ich unverheiratet zu bleiben.
1. Korinther 7,8

Der Satan versucht es auf alle Weise, den Frieden und die Freude der Knechte Gottes an ihrer Arbeit zu zerstören. Ellen, meine Reisegefährtin, war mit mir auf ein einsames Missionsfeld in Mexiko gegangen. Unsere Gastgeberin war eine unverheiratete Missionarin in den Vierzigern. Eines Abends, als wir in ihrer kleinen Wohnung allein mit ihr waren, bekannte sie, wie schwer es ihr fiel, unverheiratet zu sein, und dass sie deshalb mit Bitterkeit zu kämpfen hätte.

»Warum muss ich die Liebe eines Mannes, Kinder und ein eigenes Heim entbehren. Und warum sind die Männer, die mir irgendwie Beachtung schenken, immer verheiratet?«

Bis in die tiefe Nacht hinein schüttete sie das Gift ihrer Enttäuschungen aus und am Ende fragte sie mich: »Warum sind Sie nicht verheiratet?«

Ich sagte: »Weil der Herr andere Pläne für mich hatte.«

»Haben Sie jemals geliebt und den Geliebten dann verloren wie ich?«, fragte sie bitter.

»Ja«, sagte ich traurig, »ich kenne diesen Schmerz.«

»Aber Sie waren hart gegen sich selbst, oder?«, fragte sie mit schneidender Schärfe. »Sie waren bereit, dass Gott Sie seinen Weg führte?«

»O nein, zuerst nicht«, sagte ich. »Das hat mich manchen Kampf gekostet. Ich war 23. Ich liebte einen Mann und glaubte, dass er mich auch liebte. Aber ich hatte kein Geld und er heiratete ein reiches Mädchen. Nach der Hochzeit brachte er sie zu mir und legte ihre Hand in meine und sagte: ›Ich hoffe, ihr beide werdet Freunde.‹ Ich hätte schreien mögen vor Schmerz. Sie war reizend und so sicher und entspannt in seiner Liebe.

Aber ich hatte Jesus und eines Tages ging ich zu ihm und betete: ›Herr Jesus, du weißt, dass ich dir hundertprozentig gehören möchte. Ich weiß nicht, welche Pläne du für mich hast, aber Herr, was immer es sein mag, lass mich deinen Sieg in jedem Bereich meines Lebens erfahren, auch was die körperliche Liebe betrifft. Ich glaube, dass du mich von allen meinen Enttäuschungen und dem Gefühl des Unglücklichseins befreien kannst. Ich liefere dir mein ganzes Leben neu aus.‹«

Ich sah über den kleinen Tisch hinüber auf die bittere Frau mir gegenüber, auf die scharfen Züge in ihrem Gesicht, in ihre Augen. Ich dachte daran, dass sie auf der Flucht vor ihren Enttäuschungen war. Vielleicht war das sogar der Grund dafür, dass sie in die Mission gegangen war. Traurig genug, dass einige von den Kindern Gottes auf das Missionsfeld gehen, um der Not und dem Schmerz darüber zu entfliehen, dass sie keinen Mann haben. Ich kenne andere, die zu Hause geblieben sind, aber jeden Abend in irgendeiner christlichen Versammlung sitzen und ihre Familien zu Hause allein lassen, weil sie in ihrer Ehe unglücklich und enttäuscht sind. Arbeit – sogar Missionsarbeit – kann ein falscher Zufluchtsort sein.

»Wen Gott dazu beruft, allein zu leben, der ist glücklich in dieser Situation«, sagte ich. »Dieses Glück, diese Zufriedenheit ist der Beweis für den Ruf Gottes.«

»Aber Sie liebten und verloren«, erklärte sie. »Glauben Sie, dass Gott Ihnen Ihren Geliebten nahm, damit Sie ihm folgten?«

»Nein«, lächelte ich. »Gott nimmt uns nichts weg. Es mag sein, dass er uns bittet, einer Sache, die wir nicht haben sollen, oder einem Menschen den Rücken zu kehren, Gott nimmt niemals weg. Sondern Gott gibt. Aber wenn ich meinen Arm ausstrecke und jemanden für mich selbst nehme und der Herr stellt sich dazwischen, dann heißt das nicht, dass Gott nimmt, sondern eher, dass er uns vor jemandem schützt, den wir nicht haben sollen, weil er, Gott, andere, größere Absichten für unser Leben hat.«

Während ein paar langer Minuten herrschte Schweigen im Halbdunkel ihres Zimmers. Eine kleine Kerosinlampe warf flackernde Schatten an die Wand und über unsere Gesichter. Ich dachte zurück. Ich sah nur Erfülltsein in dem Herrn. Als ich dreißig war, gab Gott mir Kinder – die Kinder der Missionare, die bei uns aufwuchsen. Meine Schwester Betsie sorgte für Nahrung und Kleidung und ich war verantwortlich für den Sport und für Musik. Sie wohnten bei uns in der *Beje* und es war für mich eine tiefe Befriedigung, als ich sah, wie sie heranreiften.

Viel Zeit verwandte ich auch darauf, in den verschiedenen Mädchenklubs zu sprechen und mitzuarbeiten. Aber es war nicht die Arbeit, die mir den Ausgleich brachte, denn Arbeit kann ein unbefriedigtes Gefühlsleben nicht ausgleichen. Mein Leben hatte seine Mitte in Jesus, dem Herrn, gefunden. Hier fand ich den Ausgleich. Es gibt viele Menschen, die ihr Gefühlsleben in Arbeit, Sport, Musik oder in der Kunst zu ersticken versuchen. Die Gefühle lassen sich wohl unterdrücken, aber dann plötzlich, wie heute Abend bei dieser Missionarin, drängen sie heraus an die Oberfläche, und dann ist alles wieder lebendig: die Unzufriedenheit, der Groll.

Ich sah zu Ellen hinüber. Ellen ist eine große, schlanke, blonde, schöne, junge holländische Frau in den frühen Dreißigern. Sie ist unverheiratet, aber sie kennt das Geheimnis eines ausgeglichenen Lebens. Während ich von mir glaube, dass Gott mich schon vor meiner Geburt dazu bestimmt hat, unverheiratet zu bleiben, ist es bei Ellen anders. Sie fühlt sich nicht dazu berufen, ledig zu bleiben. Nein, sie nimmt an, dass sie eines Tages, zu Gottes Zeit, heiraten wird. Aber bis dahin – ob in einem oder in dreißig Jahren – fühlt sie sich geborgen in Jesus und um geborgen zu sein, brauchte sie weder Mann noch Kinder.

Meine Augen wanderten wieder zurück zu der Missionarin. Ich konnte sie so gut verstehen.

»Es gibt Leute wie mich, die sind dazu berufen, unverheiratet zu bleiben«, sagte ich. »Für die ist es leicht, sie sind von ihrer Berufung her mit ihrer Situation einverstanden und befriedigt. Andere, wie Ellen, sind dazu berufen, sich für eine spätere Heirat vorzubereiten. Und in den Jahren davor segnet sie Gott auch und er lehrt sie, dass die Ehe kein Pflaster für Unzufriedenheit ist. Glück findest du nur in einer ausgewogenen Beziehung zu dem Herrn Jesus.«

»Aber es ist schwer«, sagte sie. Ihre Augen schwammen in Tränen.

»Das stimmt«, sagte ich. »Das Kreuz ist immer schwer. ›Aber du bist tot und dein Leben ist verborgen in Gott‹, steht im Kolosserbrief.«

»Ach Kind«, fuhr ich fort, »du kannst nirgends sicherer sein als bei ihm. Der Bereich deines Wesens, der dich an einen Ehemann binden will, ist tot. Du bist frei und kannst jetzt ein Leben führen, das überaus glücklich ist, mit oder ohne Mann – geborgen allein in Jesus.«

Ich weiß nicht, ob sie mich wirklich verstanden hat. Oft hängen wir ja so fest an bestimmten Vorstellungen, von denen wir uns das Glück versprechen – einem Mann, Kindern, einem bestimmten Beruf oder sogar einem Dienst –, und dann bringen wir es nicht fertig, unsere Augen für Gottes besseren Weg zu öffnen. Es gibt tatsächlich Leute, die sich derart in Dinge verbeißen, von denen sie annehmen, dass sie ihnen das Glück bringen, dass sie an Jesus Christus selbst vorbeileben. Und ihn, der ihnen volles Glück schenken will, lehnen sie ab.

26

Ich habe ein großes Volk in dieser Stadt

Daraufhin wählte der Herr zweiundsiebzig andere Jünger aus und schickte sie zu zweit voraus in alle Städte und Dörfer, die er aufsuchen wollte.
Lukas 10,1

Meine zweite Reise nach Kuba unterschied sich ganz wesentlich von der ersten: Kuba war inzwischen unter kommunistische Herrschaft geraten. Ellen war bei mir und wir kamen von Mexiko mit Koffern voller Bücher. Von Freunden wussten wir, dass die Kommunisten in Kuba Bibeln verbrannten und christliche Literatur beschlagnahmten. Ich war also nicht sicher, ob ich es schaffen würde, all diese Bücher mit hinüberzunehmen. Wir hatten auch gehört, dass die meisten Kirchen geschlossen seien und dass man viele Christen verhaftet hatte – einige, weil sie Literatur eingeführt hatten. Wir waren also sehr vorsichtig.

Am Zoll in Havanna zeigte der Beamte auf meine Koffer. »Was sind das für Bücher?«, fragte er.

»Ich habe sie geschrieben«, sagte ich. »Ich wollte sie meinen Freunden schenken.«

Als ich sah, wie sich sein Blick verdunkelte, als er eines der Bücher herauspickte, begann mein Herz schneller zu schlagen. »O Herr«, betete ich, »was soll ich jetzt tun?«

Dann hörte ich mich kühn sagen: »Möchten Sie gern eines meiner Bücher haben? Hier, ich will Ihnen eine Widmung hineinschreiben.«

Der Zollbeamte blickte auf. Ich nahm das Buch aus seiner Hand, schrieb meinen Namen vorn aufs Titelblatt und gab es ihm zurück. Sein Mund verzog sich zu einem breiten Lächeln, er dankte mir, warf einen weiteren Blick auf meine mit Büchern gefüllten Koffer, nickte und entließ mich. Ich verschloss die Koffer und ging hinaus auf die Straße. Halleluja! Ein Wunder war geschehen.

Wir waren nun in Kuba. Aber welche Pläne hatte der Herr mit uns in diesem Land? Ob alle unsere früheren Freunde inzwischen im Gefängnis waren? War irgendeine der Kirchen, in denen ich früher gepredigt hatte, noch offen? Diese und andere Fragen machten mir zu schaffen, als wir auf die Stadt zugingen.

Eine *Intourist*-Limousine brachte uns ins Zentrum von Havanna, wo wir ein Hotelzimmer fanden. Wir wuschen uns und gingen wieder auf die Straße in der Hoffnung, einen Christen zu finden. Aber wie findest du einen Christen in einer fremden Stadt, deren Sprache du noch nicht einmal sprechen kannst und verstehst? Wir gingen in den Nebenstraßen auf und ab, in der Hoffnung, dass Gott uns jemanden zeigen würde, zu dem wir sprechen sollten. Aber wir erhielten keine Führung.

Schließlich ging ich auf einen alten Mann zu, der sich gegen die Mauer eines der großen Gebäude lehnte. Ein freundlicher Mann, dachte ich. Ich fragte ihn, ob es hier in der Gegend irgendwo eine Kirche gäbe. Er hob die Schulter, gab uns aber ein Zeichen zu warten und ging zu einem der Straßentelefone. Ellen und ich standen und beteten. Würde er jetzt die Polizei rufen? Hatten wir etwas Verkehrtes gemacht und würden jetzt zur Rechenschaft gezogen?

Aber dann kam er zurück und sagte, er könne uns nicht helfen, keiner seiner Freunde wisse, wo es hier eine Kirche gäbe.

Das war entmutigend und zu alledem fing es an zu regnen. Weder Ellen noch ich hatten einen Regenschutz bei uns, wir waren bald nass bis auf die Haut. Stundenlang waren wir schon auf den Beinen und so war ich völlig erschöpft.

»Ellen, sollten wir uns nicht ein Taxi besorgen?«, fragte ich. »Ja, Tante Corrie«, nickte Ellen. »Wir brauchen jetzt ein Wunder.«

Ich fand einen kleinen Stuhl und setzte mich, während Ellen sich aufmachte, um ein Taxi zu suchen. Ich sah hinaus auf das Meer und schauerte vor Kälte. Dann dachte ich an den Fahrer der *Intourist*-Limousine, der uns vom Flughafen hierhergebracht hatte. »Hier ist das Hospital«, hatte er unterwegs gesagt.

»Die Behandlung kostet hier keinen Pfennig. Hier ist der Friedhof. Wenn Sie sterben, begraben wir Sie, und das kostet auch Ihre Angehörigen nichts.« Ich war schon in vielen Ländern gewesen, aber noch nirgends war es mir angeboten worden, dass man mich umsonst beerdigen würde.

Wir wussten es ganz genau, dass uns der Herr nach Kuba geschickt hatte, aber wir hatten keine Vorstellung von unserer Aufgabe hier. Wo waren die Kirchen? Wir hatten einige gesehen, aber sie waren geschlossen. Vor einigen Kirchentüren wuchsen schon Bäume. Wir hatten versucht, einige Christen, die ich von früher kannte, anzurufen, aber offensichtlich waren sie umgezogen. Ich saß und wartete und das Wasser lief mir aus den Haaren über das Gesicht und hinten in den Nacken, über die Arme, an den Beinen entlang in die Schuhe. Dann hörte ich einen Wagen vor mir halten. Als ich aufblickte, sah ich direkt in Ellens Gesicht. Sie hatte die Fensterscheibe heruntergedreht und rief mir durch den rauschenden Regen zu:

»Tante Corrie, ich bin wieder da!«

Ich humpelte zum Taxi hinüber, einem alten, verrosteten Vehikel, und kletterte auf den Rücksitz.

»Pass auf, dass du mit deinen Füßen nicht auf das Pflaster kommst«, lachte Ellen. Das Auto musste tatsächlich beachtliche undichte Stellen haben, denn während der Fahrt spritzte von allen Seiten das Wasser herein.

Aber es brachte uns zu unserem Hotel. Wir zogen uns um und hängten unsere nassen Sachen über Badewanne und Waschbecken und sämtliche Haken im Badezimmer, wo bald darauf ein unregelmäßiges, aber stetes Tropfen zu hören war.

Ich wollte wirklich mit Jesus gehen. Mein ganzes Herz verlangte danach. Aber ich war damals hoch in den Siebzigern und dies war einer der Augenblicke, in denen ich mir alt vorkam.

Ellen konnte in jener Nacht nicht schlafen. Wir hatten zwei Wochen für Kuba vorgesehen, aber was sollten wir tun, wenn wir nicht einen einzigen Christen fanden? Mitten in der Nacht stand sie auf und betete: »Herr, gib mir ein Wort, damit ich sicher wissen kann, dass wir nicht umsonst hierhergekommen sind.«

Sie griff nach ihrer Bibel, die neben ihr auf dem Nachttisch lag, und fuhr dort fort zu lesen, wo sie am Abend vorher aufgehört hatte. Sie wusste, dass Gott nicht wollte, dass sich seine Kinder fürchteten, und dass man am besten mithilfe des Wortes Gottes mit der Furcht fertig wird.

Gestern Abend hatte sie das 17. Kapitel der Apostelgeschichte gelesen. Nun begann sie mit dem 18. und kam an die Verse neun und zehn. Da las sie: »Dann sprach der Herr zu Paulus: ›Fürchte dich nicht, sondern rede und schweige nicht! Denn ich bin mit dir, und niemand soll dich angreifen oder dir Böses antun, denn ich habe ein großes Volk in dieser Stadt.‹«

Das war eine Antwort! Am nächsten Morgen konnte es Ellen gar nicht erwarten, all diese Leute zu finden, und mir ging es genauso. Sie hatte eine Adresse, auf die wir noch nicht zugegangen waren. Es war ein kleines Haus in einer Seitenstraße, wo einige uns unbekannte Christen gewohnt hatten. Ellen machte sich auf. Sie fand die Straße und am Ende auch das Haus mit der alten, von Wind und Wetter geschwärzten und gerissenen Tür.

Sie klopfte.

Als die Tür vorsichtig geöffnet wurde, stand Ellen vor einem kleinen Mann mit gegerbter Haut und tausend kleinen Fältchen um die Augen. Ellen konnte kein Wort Spanisch sprechen, so hielt sie ihm ihre Bibel entgegen und eines meiner Bücher, das gerade ins Spanische übersetzt worden war.

Der Mann sah staunend auf die Bücher und dann wieder auf Ellen. Ellen lächelte und zeigte auf meinen Namen auf dem Umschlag des Buches, dann wies sie mit ihrem Arm zurück in die Stadt.

Plötzlich kam Leben in das Gesicht des Mannes. Er öffnete die Tür ganz weit und rief hinter sich ins Haus:

»Corrie, Corrie ten Boom esta aqui. Ella esta in Havanna!«

Ellen ging mit ins Haus. Sie kam in einen Raum, der gefüllt war mit knienden Menschen. Hier trafen sich jede Woche die Pastoren, um Gott um Hilfe und Führung in ihrem schwierigen Dienst zu bitten.

Ellen eilte zurück ins Hotel und so war ich in kürzester Zeit bei diesen Männern Gottes. Wir verteilten all unsere Bücher und gewannen neue Freunde unter dem Volk Gottes.

Ja, Gott hatte in dieser Stadt »ein großes Volk«.

27
Die Segensbüchse

Wirf dein Brot hin aufs Wasser! Denn nach einiger Zeit wird es wieder zu dir zurückkommen.
Prediger 11,1

Bei meinen Reisen um die Welt bin ich oft auf die Gastfreundschaft der Christen angewiesen. Während meiner ersten Reise durch Amerika begann es bei Christen in New York, später nahm mich Abraham Vereide in Washington auf; die Kette derer, deren Liebe und Großzügigkeit ich kennengelernt habe, ist seitdem nicht abgerissen.

Während einer Reise durch diesen großen Kontinent, als mein einziges Heim mein Koffer war, jener große rote, wurde ich von Freunden in Colorado eingeladen. Ich fühlte mich nicht wohl und brauchte Ruhe. Meine Gastgeberin brachte mich zu ihrem entzückenden Haus mit den schlanken weißen Säulen und führte mich die teppichbelegten Treppen hinauf in ein schönes Zimmer. Das Fenster gab den Blick zum blauen Himmel frei, der über den schneebedeckten Rocky Mountains stand. Dann schlug sie ihren Arm um mich und sagte: »Corrie, das ist dein Zimmer. Es wird hier immer für dich da sein.«

»Dieses Zimmer! Für mich!« Ich hielt den Atem an. Ein Platz für mich zum Kofferauspacken! Seit der grauen Zeit im Konzentrationslager sehnte ich mich nach hellen Farben wie einer, der Durst hat nach Wasser. Dieser Raum und seine Umgebung leuchteten von Farben. Ich hätte weinen mögen wie ein Kind, wenn es glücklich ist. Aber ich hatte es gelernt, mich zu beherrschen, meistens jedenfalls, und ließ nur den Herrn in mein dankerfülltes Herz ganz hineinschauen. Der Herr ist so gut, dass er mir so viele Freunde gegeben hat, überall in der Welt, und jetzt dies!

Während eines meiner Besuche hier in Colorado erreichte mich am frühen Morgen ein Anruf. Ich war schon wach, wir wollten am Nachmittag nach Washington fliegen, wo ich in einer Reihe von Versammlungen reden sollte, die Herr Vereide vorbereitet hatte.

Der Anruf kam von Alicia Davison, der Tochter der Vereides. »Oh, Alicia, ich kann es kaum erwarten, dich zu sehen«, rief ich. »Ich freue mich so darauf und auf die Versammlungen in eurem Haus.«

Auf der anderen Seite der Leitung war es still. Dann sagte Alicia: »Tante Corrie, Vater ist beim Herrn.« – »Oh, Alicia ...« Ich versuchte zu sprechen. Aber es kam nichts heraus.

»Es ist gut, Tante Corrie«, sagte Alicia ruhig. »Ich rufe dich an, um dich zu bitten, bei uns zu sein. Wir werden keine Versammlungen haben, aber es werden viele Leute zu uns kommen und wir wären froh, wenn du dann bei uns wärst.«

»Ich bin heute Nachmittag bei euch«, sagte ich. Nach einem kurzen Gebet durch das Telefon hängte ich auf.

Während ich meine Sachen packte, musste ich an meine Freunde denken. Es waren schon viele, die zu meiner unmittelbaren Umgebung gehörten, gestorben. Aber es war immer dasselbe: jener leere Platz in meinem Herzen, wenn jemand, den ich liebte, zum Herrn gegangen war, um bei ihm zu bleiben.

Zwei Jahre später flog ich wieder nach Washington. Ich saß in der gleichen presbyterianischen Kirche, um der Trauerfeier für die schöne junge Alicia beizuwohnen, die in Hongkong gestorben war, auf einer Missionsreise, die sie mit ihrem Mann unternommen hatte.

Die Freunde in Washington empfingen mich mit warmer Herzlichkeit. Obwohl sie traurig waren, freuten sie sich in dem Herrn. Am Abend ging ich dann in mein Zimmer und betete:

»Herr, ich kann es nicht verstehen, warum diese Leute so freundlich zu mir sind. Ich bin doch nur eine einfache, alte holländische Frau. Warum erfahre ich so viel Freundlichkeiten und so große Gastfreundschaft?«

Da erinnerte mich der Herr an die Segensbüchse meiner Mutter. Unser Haus in Haarlem war nicht groß, aber es hatte weit offene Türen. Ich kann mir nicht denken, dass die vielen Gäste, die die *Beje* bevölkerten, eine Vorstellung davon hatten, welche Anstrengungen es für uns bedeutete, über die Runden zu kommen. Viele einsame Menschen fanden bei uns einen Platz. Sie musizierten mit uns, freuten sich und beteiligten sich an den lebhaften Unterhaltungen. An dem ovalen Esszimmertisch war immer ein freier Platz, wenn auch die Suppe bei allzu großem Ansturm etwas dünner werden musste. Unser Heim war konzentriert auf den Dienst am Evangelium ausgerichtet. Und all die Leute, die uns besuchten, waren entweder Mitarbeiter im Reich Gottes oder Leute, die Hilfe brauchten.

Mutter liebte alle ihre Gäste. Sie zeigte ihre Liebe oft auf eine eigentümliche Weise, indem sie nämlich einen Pfennig in die »Segensbüchse« warf, sobald die Gäste im Türrahmen standen.

Es war eine schmale Metallbüchse, die auf einem Sideboard in der Nähe des ovalen Esstisches stand. Darin sammelte sie Geld für die Mission, die bei uns zu Hause eine große Rolle spielte. Und immer wenn unsere Familie auf eine besondere Weise gesegnet wurde, warf Mutter Geld in diese Segensbüchse. Sie verstand das als ein Dankopfer, das sie Gott bringen wollte. Dies war besonders angebracht, wenn Vater eine teure Uhr verkaufte oder Extrageld für die Reparatur einer antiken Standuhr einnahm. Und wenn die Besucher kamen, dann breitete Mutter ihre Arme weit aus, hieß sie willkommen, und um ihnen zu zeigen, wie sehr sie sich über ihren Besuch freute, sagte sie: »Einen Pfennig in die Segensbüchse, weil ihr gekommen seid.« Und wenn es ein ganz besonderer Besuch war, konnte das Opfer bis zu einem Groschen anwachsen.

Am Tisch segnete dann Vater unsere Besucher. Er dankte, dass Gott uns das Vorrecht geschenkt hatte, mit ihnen zusammen zu sein. Es war immer ein frohes Ereignis für uns alle.

Ich erinnere mich an die Schwägerin eines Pfarrers, die bei uns übernachtete. Am nächsten Morgen ging Tante Anna in ihr Zimmer und fand das Laken zu einem Seil zusammengerollt quer über dem Bett liegen.

»Was ist das?«, fragte Tante Anna.

Die Frau brach in Tränen aus. »Ich muss es Ihnen sagen. In dieser Nacht wollte ich ein Ende mit mir machen. Ich wollte das Laken als ein Seil mir um den Hals legen und vom Fenster springen. Aber ich konnte das Tischgebet von Herrn ten Boom nicht vergessen, als er dankte, dass ich gekommen sei und dass wir am Tisch Gemeinschaft haben konnten. Das Gebet hat Gott benutzt, um mir das Leben zu retten.«

Noch immer bin ich häufig abhängig von der Gastfreundschaft der Christen. Das Volk Gottes hat seine Häuser geöffnet und oft lag mein Kopf auf einem fremden Kissen, das durch die Liebe meiner Freunde gesegnet worden war. Da kommt es mir vor, als sei dies eine Antwort auf die offenen Türen und die offenen Herzen in der *Beje*.

So genieße ich schon hier auf der Erde, was uns erst für den Himmel versprochen ist: das Haus mit den vielen Wohnungen.

28
Der Kreis schließt sich

Doch wenn wir ihm unsere Sünden bekennen, ist er treu und gerecht, dass er uns vergibt und uns von allem Bösen reinigt.
1. Johannes 1,9

Man möchte meinen, dass mir, nachdem ich nun über 80 Jahre alt bin, nicht mehr so dumme Dinge unterliefen, für die ich um Vergebung bitten müsste; doch es passiert mir immer wieder, dass ich andere verletze. Manchmal handelt es sich um Dinge, die ich einfach verkehrt mache. Es können aber auch falsche Einstellungen sein, die es dann verhindern, dass Gott seine vollkommene Liebe durch mich weitergeben kann.

Da kam kürzlich mein Neffe und klärte mich über das Geheimnis des geschlossenen Kreises auf. Peter van Woerden verbrachte ein Wochenende bei uns in Holland.

»Erinnerst du dich an Jan, den Jungen, für den wir beteten?«, fragte Peter. Ich erinnerte mich gut an Jan. Lange Zeit hatten wir für ihn gebetet. In seinem Leben herrschte ein schrecklicher Dämon der Finsternis, und obwohl wir gefastet und gebetet und den Dämon im Namen Jesu Christi ausgetrieben hatten, kam die Finsternis immer wieder zurück.

Peter fuhr fort: »Ich weiß jetzt, dass Gott diesen Jungen nicht nur zu mir gebracht hat, damit er befreit wird, sondern auch, damit ich etwas lerne.« Ich sah Peter überrascht an. »Was konnte dieser

Junge, der Jan, in dem so viel Finsternis war, dich lehren?« Peter lächelte. »Ich lernte es nicht von Jan, aber von Gott. In der Zeit, als wir uns um Jan kümmerten, führte mich Gott zu einer Stelle im 1. Johannesbrief. Es waren im 1. Kapitel die Verse 7-9. Ich las die Stelle über das Bekennen unserer Sünden und fragte Gott, was das mit der Finsternis in Jans Leben zu tun hätte.«

Peter stand auf. Er ging auf und ab und hielt die offene Bibel in der Hand. »Da steht nun Folgendes: Wenn ein Christ im Licht lebt, dann reinigt ihn das Blut Jesu Christi von allen Sünden. Das macht sein Leben zu einem geschlossenen Kreis und schützt ihn vor den dunklen Mächten draußen. Aber«, er zeigte mit Nachdruck auf die Stelle in der Bibel, die er eben zitiert hatte, »wenn es in diesem Leben unbekannte Sünden gibt, dann ist der Kreis offen, da ist ein Riss. Und durch diesen Riss können die dunklen Mächte eindringen. Das hat mich Gott damals gelehrt.«

»Oh«, dachte ich, »diese Wahrheit kommt wirklich von dem Herrn.«

»Tante Corrie«, fuhr Peter fort, »obwohl ich doch den Dämon aus Jans Leben austreiben konnte, kam er immer wieder zurück. Und immer fand er diesen Riss im Kreis: Jans nicht bekannte Sünde. Aber als ich Jan half, diese Sünde zu bekennen, war der Kreis wieder geschlossen, und seitdem konnten die dunklen Mächte nicht mehr zurückkehren.« In derselben Woche kam die Frau eines guten Freundes zu mir. Sie bat um Rat. Nachdem ich ihr eine Tasse Tee angeboten hatte, begann sie von all den Menschen zu sprechen, die für sie beteten, und dass sie trotzdem weiter von schrecklichen Träumen geplagt würde.

Ich unterbrach sie und zeichnete einen Kreis auf ein Stück Papier.

»Mary«, sagte ich, »gibt es eine unbekannte Sünde in deinem Leben? Ist dies der Grund dafür, dass der Kreis einen Riss hat?«

Mary sagte nichts. Sie saß da mit gebeugtem Kopf. Ihre Hände waren ineinander verkrampft, sie schob ihre Füße nervös hin und her. Ich merkte, wie es in ihr kämpfte. Es war ein Kampf der geistigen Mächte.

»Willst du wirklich frei werden?«, fragte ich. »O ja«, sagte sie.

Plötzlich begann sie mir von dem großen Hass zu erzählen, den sie gegen ihre Mutter hatte. Jeder, der sie kannte, nahm an, dass sie ihre Mutter liebte. Aber in ihrem Innern gab es Dinge, die sie von Zeit zu Zeit wünschen ließen, die Mutter zu töten. Doch während sie sprach, sah ich, wie Freiheit in ihre Augen kam.

Als sie ihr Bekenntnis beendet hatte, bat sie ganz schnell Jesus, ihr zu vergeben und sie mit seinem Blut zu reinigen. Ich sah ihr in die Augen und befahl dem Dämon des Hasses im Namen Jesu, sie zu verlassen.

Was für eine Freude! Was für eine Freiheit!

Mary hob im Gefühl des Sieges ihre Hände und begann den Herrn zu preisen. Sie dankte ihm für die Befreiung und für die Vergebung, die er ihr gegeben hatte. Dann kam sie zu mir und umarmte mich so heftig, dass ich um meine Rippen fürchten musste.

»Lieber Herr«, hatte sie gebetet, »ich danke dir, dass du den Kreis geschlossen hast mit deinem Blut.«

Ich wünschte, ich könnte nun sagen, dass seit der Zeit, als ich dies lernte: durch das Bekenntnis meiner Sünden den Kreis zu schließen, dieser Kreis nun in meinem eigenen Leben immer geschlossen geblieben wäre. Aber das stimmt nicht. Denn je mehr es der Satan auf uns abgesehen hat, desto häufiger müssen auch die Sünden bekannt werden. Da macht es nichts aus, ob man alt ist oder jung und wie lange man im Namen des Herrn Jesus gedient hat. Die Notwendigkeit, seine Sünden zu bekennen, bleibt. Und so wiederholt sich immer wieder die Bitte um Vergebung.

Diese Wahrheit wurde für mich kürzlich peinlich aktuell, als ich in Washington eingeladen worden war, bei einem Frühstück von Geschäftsleuten zu sprechen. Ich spreche gern zu Geschäftsleuten und ich hatte mich auf dieses Treffen sehr gefreut. Aber als ich ankam, stellte ich fest, dass nur Frauen da waren. Das ärgerte mich, denn ich meinte, dass Männer es genauso notwendig hätten, etwas über Sündenvergebung zu hören. Nach der Versammlung kam eine vornehme Dame zu mir. »Ich habe den Auftrag, das Programm für die Weltkonferenz unserer Frauengruppe vorzubereiten«, sagte sie. »Dort werden einige der einflussreichsten Frauen der Welt zugegen sein. Würden Sie nach San Francisco kommen und auf der Konferenz sprechen?«

Ich war noch immer verdrossen, dass keine Männer am Frühstück teilgenommen hatten. Nicht, weil ich etwas gegen Frauenversammlungen hätte. Aber ich finde es nicht gut, wenn Männer die geistlichen Aktivitäten den Frauen überlassen. Gott ruft Männer. Und so gab ich ihr eine kurze und nicht gerade höfliche Antwort. »Nein, ich will nicht. Ich will auch vor Männern reden. Ich mag diese Frauenversammlungen nicht.«

Sie war sehr höflich. »Meinen Sie, es sei nicht Ihre Sache?«, fragte sie.

»Nein«, sagte ich. »Es ist nicht meine Sache. Ich mag dieses amerikanische System nicht, wo die Männer ihren Geschäften nachgehen und die christlichen Angelegenheiten den Frauen überlassen. Ich werde nicht kommen.« Ich drehte mich um und ging weiter.

Später, am Nachmittag, packte ich meine Sachen, um zum Flughafen zu fahren. Da sprach der Herr zu mir. »Du warst zu dieser Frau ziemlich grob«, sagte er.

Ich beklagte mich und sagte: »Aber Herr, ich meine, deine Botschaft sei für alle Menschen und nicht nur für die Frauen.«

»Du warst ziemlich grob zu dieser Frau«, wiederholte er freundlich. Er hatte Recht. Natürlich, er hat immer Recht. Ich hatte über Vergebung gesprochen, aber nun war ich nicht bereit, um Vergebung für mich selbst zu bitten. Ich wusste, dass ich jetzt zu dieser freundlichen Dame gehen und meine Sünde bekennen musste. Bis ich es tat, würde der Kreis offen bleiben, und der Satan würde viele andere dunkle Gedanken durch den Riss in mein Leben hineinfließen lassen.

Ich sah auf meine Uhr und stellte fest, dass ich gerade noch genug Zeit hatte, um mich fertig zu machen und zum Flughafen zu gehen. Aber was half das! Wenn ich Washington verließ, ohne den Kreis geschlossen zu haben, würde ich ihn nirgendwo anders schließen können. Ich musste mein Flugzeug fahren lassen.

Ich rief unten am Empfang an und ließ mir das Zimmer dieser Dame sagen. Dann ging ich hin. »Ich muss Sie um Vergebung bitten«, sagte ich, als sie die Tür öffnete. »Ich war hart zu Ihnen.«

Sie war erstaunt und versuchte zunächst, es zu überspielen. »O nein«, sagte sie, »Sie waren nicht unfreundlich. Ich habe es gut verstanden. Ich meine auch, dass die Männer die geistlichen Führer sein sollen und nicht die Frauen.«

Sie begegnete meiner Unfreundlichkeit mit Freundlichkeit.

Aber das war es nicht, was ich jetzt brauchte. Ich brauchte ihr Zugeständnis, dass es falsch von mir war, nicht vor Frauen sprechen zu wollen, und dass sie mir vergab. Ich weiß, oft ist es schwerer zu vergeben, als um Vergebung zu bitten. Aber beides ist gleich wichtig.

Diese empfindsame Dame verstand. Sie streckte ihre Hand aus und strich freundlich über meinen Arm und sagte: »Ich verstehe, Tante Corrie. Ich vergebe dir deine Bemerkungen über die Frauengruppen und ich vergebe dir auch, dass du unfreundlich zu mir gewesen bist.« Das war es, was ich hören musste. Künftig wollte ich auch zu Frauengruppen sprechen. Und ich wollte mir einen Wächter für meine Lippen halten, wenn ich versucht würde, unfreundlich zu sein.

Ich verpasste mein Flugzeug, aber der Kreis war geschlossen.

29

Ein Finger zu seiner Ehre

Jesus setzte sich in die Nähe des Opferkastens im Tempel … Dann kam eine arme Witwe und warf zwei kleine Münzen hinein. Da rief er seine Jünger zu sich und sagte: »Ich versichere euch: Diese arme Witwe hat mehr gegeben als alle anderen. Denn sie alle haben nur einen winzigen Bruchteil von ihrem Überfluss abgegeben, während diese Frau, so arm sie ist, alles gegeben hat, was sie besaß.«
Markus 12,42-44

Wir wollten nicht beobachtet werden; deshalb warteten wir bis zum Abend, und so war es dunkel, als wir ihre Wohnung erreichten.

Wir waren in Russland, im früheren Litauen. Ellen und ich kletterten die steile Treppe hinauf und erreichten durch eine schmale Seitentür das Appartement. Es war vollgepackt mit Möbeln, denn das alte Ehepaar hatte früher in größeren und sehr viel besseren Häusern gewohnt.

Die alte Dame lag auf einem Sofa, gestützt von mehreren Kissen. Ihr Körper war gekrümmt und von der schrecklichen Multiplen Sklerose bis zur Unkenntlichkeit entstellt. Sie konnte das Sofa nicht mehr verlassen und wurde von ihrem Mann gepflegt.

Ich ging zu ihr hinüber und küsste ihre faltige Wange. Sie versuchte, den Kopf zu heben, aber die Muskeln in ihrem Nacken taten es nicht mehr; sie konnte nur noch die Augen nach oben rollen und lächeln. Langsam, ruckweise, bewegte sie die Hand. Es war der einzige Teil ihres Körpers, den sie unter Kontrolle hatte; und nun streichelte sie mit ihren deformierten Knöcheln mein Gesicht. Ich nahm ihre Hand und küsste ihren Zeigefinger, mit dem sie so lange Gott verherrlicht hatte.

Neben ihr stand eine uralte Schreibmaschine. Jeden Morgen, an dem ihr treuer Mann noch aufstehen konnte, lobten sie den Herrn. Ihr Mann half ihr beim Waschen und Ankleiden, er bereitete ein einfaches Frühstück und dann setzte er sie mithilfe der stützenden Kissen so auf, dass sie mit dem Arm die Schreibmaschine erreichen konnte. Danach rückte er den kleinen Tisch mit der alten schwarzen Maschine vor sie hin. Von einem Wandbrett holte er einen Stoß billiger, gelber Blätter und dann begann sie mit dem einen gesegneten Finger zu schreiben.

Sie schrieb jeden Tag und weit in die Nacht hinein. Sie übersetzte christliche Bücher ins Russische, Lettische und ins Litauische. Immer mit diesem einen Finger – tipp – tipp – tipp, Seite für Seite. Nun kamen Bibelteile, die Bücher Billy Grahams, Watchman Nees und Corrie ten Booms aus ihrer Schreibmaschine. Und ich war hier, um ihr zu danken.

Sie hungerte danach, Neues über diese Menschen Gottes zu hören, die sie nie gesehen hatte, aber deren Bücher sie so treu übersetzte. Und so sprachen wir über Watchman Nee, der damals noch im Gefängnis in China war, und ich erzählte ihr von seinem Leben und von seinem Dienst alles, was ich wusste. Ich berichtete ihr auch über den wunderbaren Dienst Billy Grahams und von den vielen Menschen, die ihr Leben dem Herrn auslieferten.

»Sie übersetzt nicht nur ihre Bücher«, sagte ihr Mann. »Sie betet auch für diese Leute jeden Tag, während sie schreibt. Manchmal dauert es lange, bis ihr Finger die Taste findet, aber auch, bis sie das Papier in die Maschine eingespannt hat, und während dieser ganzen Zeit betet sie für die Menschen, deren Bücher sie nun abschreibt.«

Ich blickte auf ihre unförmige Gestalt auf dem Sofa, ihren heruntergebeugten Kopf und die gekrümmten Beine. »O Herr«, weinte ich innerlich, »warum heilst du sie nicht?«

Ihr Mann, der meine Not sah, antwortete darauf: »Gott hat eine Absicht mit ihrer Krankheit. Jeder andere Christ in der Stadt wird von der Geheimpolizei beobachtet. Aber weil sie schon so lange krank ist, kommt hier keiner her. Sie lassen uns allein und auf diese Weise ist sie die einzige Person in der ganzen Stadt, die ruhig schreiben kann, unbeobachtet von der Polizei.«

Ich sah mich in dem winzigen Raum um, der so vollgepackt war von den Möbeln aus besseren Zeiten. In einer Ecke war die Küche und neben dem Küchenschrank war das »Büro« ihres Mannes, ein Tisch, wo er die Seiten sortierte, die aus ihrer Maschine kamen und zu den Christen hinausgehen sollten. Ich dachte an Jesus, als er neben dem Opferstock saß, und da tat mein Herz einen Freudensprung. Ich hörte, wie Jesus diese kranke alte Frau – wie damals die Witwe – segnete, die alles gegeben hatte, was sie besaß: »Wahrlich, ich sage euch, diese arme Frau hat mehr gegeben als sie alle …«

Was für eine Kämpferin!

Nachdem Ellen und ich nach Holland zurückgekehrt waren, konnten wir eine neue Schreibmaschine kaufen und nach Russland schicken. Jetzt konnte sie auch Kopien von ihren Übersetzungen machen.

Heute erhielten wir einen Brief von ihrem Mann. In der letzten Woche ist sie an einem frühen Morgen zum Herrn gegangen. Aber sie hat am Abend zuvor bis über Mitternacht gearbeitet, schrieb er.

Sie tippte mit dem einzigen Finger, den sie rühren konnte, zur Ehre Gottes.

30 Das Bimbam-Prinzip

Oder wisst ihr nicht, dass euer Leib ein Tempel des Heiligen Geistes in euch ist, der in euch lebt und euch von Gott geschenkt wurde? Ihr gehört nicht euch selbst, denn Gott hat einen hohen Preis für euch bezahlt. Deshalb ehrt Gott mit eurem Leib!

1. Korinther 6,19-20

In Holland haben die meisten Kirchen Glockentürme. Früher wurden die Glocken mit der Hand geläutet, das Glockenseil hing herunter in den Vorraum der Kirche und dort zogen es die Läutejungen oder der Küster.

Eines Tages kam ein junges, flämisches Mädchen zu mir in eine dieser Kirchen. Das Mädchen hatte seine Sünden bekannt und war von Sucht und Unreinheit befreit worden. Und nun kam sie und sagte:

»Ich bin doch befreit und trotzdem träume ich nachts die alten Träume. Ich habe Angst, dass ich in die Fänge Satans zurückfalle.«

Ich musste mich kurz besinnen und in die Stille hinein hörte ich die Töne der Glocke. Ich musste auch an das Gespräch mit dem beinamputierten Rechtsanwalt in Darmstadt denken, das ich viele Jahre früher gehabt hatte.

»In dem Kirchturm oben ist eine Glocke«, sagte ich, »du hörst sie. Sie wird an einem Seil hin- und hergeschwungen. Ob du das schon einmal beobachtest hast? Wenn der Küster das Glockenseil loslässt, schwingt die Glocke noch immer. Zuerst macht sie ›bim‹, dann ›bam‹, sie schwingt langsamer und langsamer, bis sie noch einmal ›bam‹ macht, und dann schweigt sie.

Ich glaube, mit der Befreiung ist das genauso. Wenn die Dämonen im Namen des Herrn Jesus Christus ausgetrieben oder wenn Sünden bekannt und bereut worden sind, dann hat die Hand Satans am Seil nichts mehr zu suchen. Aber wenn wir uns immer noch mit unseren vergangenen Bindungen abplagen, dann benutzt er die Gelegenheit und bringt uns die Nachklänge ins Bewusstsein. Dann macht es noch ›bim‹ und dann noch ›bam‹ und das plagt uns. Genau das will der Satan.«

Über das Gesicht des Mädchens huschte ein heller Schein. »Sie meinen, auch wenn ich jetzt noch manchmal die Versuchung spüre, bin ich trotzdem frei und der Satan kann nicht mehr am Seil ziehen, das über mein Leben bestimmt?«

»Die Reinigung deines Lebens ist das Zeichen deiner Befreiung«, sagte ich. »Kümmere dich nicht mehr um die ›Bims‹ und die ›Bams‹, sie haben nichts mehr zu sagen.«

Es ist immer das Gleiche: Die Dämonen fahren nicht aus, ohne diese Vibrationen nach der Austreibung zu hinterlassen. Es ist, als gäben sie der Glocke noch einen kräftigen Schwung, damit wir durch ein möglichst langes Nachläuten an die satanischen Mächte erinnert werden. Sie wissen, dass andere Dämonen versuchen werden hereinzukommen, um ihren Platz einzunehmen, wenn sie mit diesen Nachklängen es erreichen, dass wir sie noch immer fürchten, obwohl sie im Namen Jesu haben fliehen müssen.

Es ist dasselbe wie mit der Vergebung. Wenn wir jemandem vergeben, nehmen wir die Hand vom Seil. Aber wenn wir uns mit unserem Kummer gar zu lange beschäftigen, brauchen wir nicht überrascht zu sein, wenn der alte Ärger zurückkommt. Das ist das Bimbam der alten Glocken. Die Bibel verspricht, dass, wenn wir unsere Sünden bekennen und bereuen, Gott uns mit dem Blut Jesu Christi davon reinigt. Und er sagt wörtlich: »Denn ich werde gegenüber ihren Ungerechtigkeiten gnädig sein und ihrer Sünden werde ich nie mehr gedenken.« Das kannst du im Hebräerbrief nachlesen: Kapitel acht, Vers zwölf.

Aber wir können etwas tun, was Gott nicht tun kann: Wir können uns der alten Sünden erinnern. Das sind die Bims und die Bams unseres vergangenen Lebens. Wenn wir sie hören, müssen wir uns an das Opfer Jesu am Kreuz erinnern, deshalb kann der Satan das Seil, das unser Leben bewegt, nicht mehr erreichen. Wir werden versucht werden. Wir werden gelegentlich sogar zurückfallen. Und trotzdem sind wir frei von der Bindung an die Sünde. Und selbst wenn wir das Vibrieren noch spüren, es wird weniger und weniger werden und am Ende ganz aufhören.

Nachdem der Satan aus dem Haus deines Lebens herausgeworfen worden ist, kann er, solange du im Gehorsam gegenüber Gott lebst, nicht zurückkehren. Dein Leib ist ein Tempel des Heiligen Geistes. Das hindert den Satan jedoch nicht und auch nicht seine Dämonen, draußen vor dem Haus zu stehen und durch die Fenster hereinzurufen: »Wir sind hier!«

Aber – halleluja – wir wissen, dass Satan der Fürst der Lüge ist. Er ist nicht mehr hier – er ist hinausgeworfen worden. Und wenn du nun eines dieser alten Echos in deinem Leben hörst, eines der Bims oder Bams, dann wende dich an Jesus und sage: »Ich danke dir, Jesus. Du hast mich erkauft mit deinem Blut und die Sünde hat kein Recht mehr, sich in meinem Leben bemerkbar zu machen.«

31

Schwarz auf weiß und die Vergebung

Doch wenn ihr betet, dann vergebt zuerst allen, gegen die ihr einen Groll hegt, damit euer Vater im Himmel euch eure Sünden auch vergeben kann.
Markus 11,25

Ich wünschte, ich könnte nach einem langen und fruchtbaren Leben, das mich mehrfach um die ganze Welt geführt hat, sagen, ich hätte es gelernt: allen meinen Feinden zu vergeben. Ich wünschte, ich könnte sagen, dass mich nur dankbare und liebevolle Gedanken bewegen, wenn ich an andere denke. Aber sie bewegen mich nicht immer. Wenn ich seit meinem 80. Geburtstag eines gelernt habe, dann ist es dies, dass ich gute Gefühle und freundliches Verhalten nicht auf Vorrat habe. Ich beziehe sie jeden Tag neu von Gott. Und ich bin froh, dass es so ist, denn jedes Mal, wenn ich zu ihm gehe, lehrt er mich noch etwas Neues dazu.

Ich erinnere mich gut an die Zeit – ich war damals um die 70 –, als einige Freunde, die ich liebte und denen ich vertraute, etwas taten, womit sie mich verletzten. Nun könnte man meinen, es sei ein Kinderspiel, christlichen Freunden zu vergeben, nachdem man es fertiggebracht hat, dem KZ-Wärter von Ravensbrück zu vergeben, aber es war kein Kinderspiel. Wochenlang kochte es in mir. Am Ende bat ich dann Gott wieder, dass er ein Wunder in mir tun möchte. Und es geschah wieder: Auf den kühlen Entschluss, zu vergeben, folgte eine Flut von Freude und Frieden. Ich hatte meinen Freunden vergeben. Das Verhältnis zu meinem Vater im Himmel war wieder in Ordnung.

Ich meinte das jedenfalls. Aber dann wachte ich mitten in der Nacht plötzlich auf und die ganze Geschichte stand wieder vor mir. »Meine Freunde«, dachte ich. Menschen, die ich liebte.

Wenn es aber Fremde gewesen wären? »Nein«, sagte ich mir, »es hätte mich nicht so treffen können.«

Ich setzte mich auf und machte Licht. »Vater«, betete ich, »ich dachte, es sei alles vergeben. Bitte hilf mir!«

In der Nacht darauf wachte ich wieder auf. Ich sah sie wieder vor mir mit ihren freundlichen Gesichtern und den Freundlichkeiten, die sie sagten. Nichts, aber auch kein Wort hatten sie über das verloren, was sie planten …

»Vater!«, schrie ich in meinem Schrecken. »Hilf mir!«

In dieser Nacht kam ich hinter ein anderes Geheimnis der Vergebung: Es genügt nicht, wenn ich einfach sage: »Ich vergebe dir.« Ich muss auch anfangen, in der Vergebung zu leben. In meinem Fall hieß das, davon auszugehen, dass ihre Sünden wie meine eigenen an der tiefsten Stelle des Meeres versenkt worden sind. Wenn selbst Gott sich dieser Sünden nicht mehr erinnerte – das sagt er doch: »Ich werde nie wieder an ihr Unrecht und ihre Sünden denken« (Hebräer 10,17) –, dann sollte ich es auch nicht tun. Und natürlich mussten die Gedanken an ihre Sünden wiederkommen, wenn ich ihnen zwar vergeben hatte, die Erinnerung an ihr unfreundliches und ungerechtes Verhalten in mir aber hegte und pflegte.

So entdeckte ich ein göttliches Prinzip: Wir können Gott sowohl unsere Gefühle als auch unsere Gedanken anvertrauen. Als ich ihn bat, mein Denken zu erneuern, nahm er mir die Gedanken an jenes Unrecht weg.

Diese eine Episode gab ihm den Stoff, mich weitere Dinge zu lehren.

Viele Jahre später, ich hatte meinen 80. Geburtstag schon gefeiert, besuchte mich ein amerikanischer Freund in Holland, und als wir in meinem kleinen Appartement in Baarn saßen, fragte er mich nach den Leuten, die mich vor zehn Jahren so übervorteilt hatten.

»Das ist erledigt«, sagte ich ein bisschen selbstgefällig. »Es ist alles vergeben.«

»Von dir, ja«, nickte er. »Aber die anderen – haben sie deine Vergebung angenommen?«

»Sie sagten, da sei nichts zu vergeben. Sie leugneten alles ab. Aber ich kann ihnen beweisen, dass sie falsch gehandelt haben.« Ich ging schnell an meinen Schreibtisch und zog die Schublade auf. »Sieh, ich habe es schwarz auf weiß. Ich habe alle ihre Briefe aufgehoben und kann es dir zeigen …«

»Corrie!« Mein Freund schlug seinen Arm um mich und holte mich vom Schreibtisch zurück. »Sind deine Sünden nicht ins Meer versenkt worden? Und die Sünden deiner Freunde bewahrst du schwarz auf weiß auf?«

Mir verschlug es die Sprache. »Herr Jesus«, flüsterte ich, »du, der alle meine Sünden weggenommen hat, vergib mir, dass ich die Sünden der anderen die ganzen Jahre über aufgehoben habe. Lass mich dir all das Schwarz-auf-Weiße als ein lieblich duftendes Brandopfer zu deiner Ehre darbringen.«

Bevor ich an diesem Abend zu Bett ging, räumte ich meinen Schreibtisch aus und warf die schon leicht vergilbten Briefe in den

Heizungsofen. Als die Flammen zu tanzen begannen, hüpfte auch mein Herz. Jesus lehrt uns beten: »Vergib uns unsere Schuld, wie wir vergeben denen, die uns schuldig sind.« In der Asche jener Briefe erkannte ich eine neue Seite seiner Gnade. Seine gute Nachricht hatte mich erreicht. Und ich war gespannt, was er mich in dem Fach Vergebung künftig weiter lehren würde.

Vergebung ist der Schlüssel, der die Tür der Abneigung und die Handschellen des Hasses öffnet und die Ketten der Bitterkeit und der Selbstsucht bricht. Die Vergebung, die wir durch Jesus erhalten, nimmt unsere Sünde nicht nur weg. Sie schafft etwas völlig Neues, als hätte es unsere Sünden nie gegeben.

Jesus will seine Nachfolger lehren, in gleicher Weise zu vergeben, und ich war mitten im Unterricht.

32
Bereit sein

Ja, komm, Herr Jesus!
Offenbarung 22,20

Vor einiger Zeit war ich mit einer Gruppe Studenten zusammen, unter denen einige waren, die sich erst vor Kurzem bekehrt hatten. Sie interessierten sich für alles und so besuchten sie auch die wöchentliche Fragestunde eines Professors, der Christ war. In der letzten Woche vor Semesterschluss war ich dort und der Professor führte mich ein, indem er sagte: »Jetzt hören Sie etwas über praktisches Christentum.«

Ich wollte zuerst zu den Christen sprechen und fragte sie, seit wann sie Jesus kennen.

Der eine sagte: »Seit zwei Wochen.« Ein anderer: »Seit drei Jahren.« Und einer war Christus am Tag zuvor zum ersten Mal begegnet.

»Oh«, sagte ich, »da kann ich euch einiges erzählen. Ich kenne ihn seit fünfundsiebzig Jahren, Leute, und es geht mit keinem, den er führt, bergab.«

Dann wandte ich mich an die Studenten, die noch keine Begegnung mit Jesus Christus gehabt hatten, und erzählte ihnen, was er für mich getan hatte. Der Geist Gottes bewahrte mich davor, dogmatisch und lehrhaft zu werden. Ich erzählte ihnen einfach die großen Wunder meines Lebens. Meine Gefangenschaftserfahrungen konnten sie nicht so ganz verstehen, weil ihnen diese

Erlebnisse zu fremd waren. Aber das sollten sie doch wissen: dass zwar dort, wo täglich 600 Menschen sterben oder getötet werden, das Schlimmste geschehen kann, aber das Beste bleibt, wenn nur Jesus bei einem selbst ist. Und dann sagte ich ihnen, dass Jesus nie etwas fordert, zu dessen Erfüllung er nicht auch die Voraussetzung schenkt, und wie ich das erlebt hätte, als er mich aufforderte, meine Feinde zu lieben. Ich beschrieb ihnen die Freude, die es für mich bedeutet, dass Jesus mit mir ist bei allem, was geschieht, und dass das Licht Jesu stärker ist als die größte Finsternis.

Im Anschluss an mein Zeugnis gab es Kaffee. Da saß einer dieser Studenten neben mir und sagte: »Ich würde ja Jesus bitten, mich anzunehmen, aber ich kann nicht. Ich bin Jude.«

Ich spürte eine Welle warmer Freude in mir aufsteigen. »Was sagst du da?«, fragte ich. »Du kannst Jesus nicht annehmen, weil du Jude bist? Dann hast du nicht verstanden, wie das mit dem Juden in deinem Herzen ist – nimm Jesus an, dann bist du ein doppelter Jude. Jesus war es doch auch!«

»Sie meinen, das sei möglich?«

Am Wechselspiel seiner Augen erkannte ich, was in ihm vorging: Verlangen, Hoffnung und dann doch die große Unsicherheit, die in seiner Frage lag.

»Von Gottes Seite war Jesus Gottes Sohn«, antwortete ich.

Ich hatte meine Hand auf seinen Arm gelegt und mich ihm ganz zugewandt. Ich sprach nur zu ihm. Aber um uns her wurde es so still, dass es jeder hören musste, als ich weiterredete. »Menschlicherseits war er ein Jude. Und wenn du ihn annimmst, bleibst du Jude. Du wirst jüdischer als je zuvor, ein vollkommener Jude.«

Es war eine ganz große Freude, dass dieser junge Mann Jesus als seinen Erlöser annahm. Freude für mich und Ellen. Freude für den Professor und die anderen Christen an dieser Universität. Und Freude bei den Engeln!

Ich begegne einem immer größer werdenden Interesse an geistlichen Fragen. Viele, die früher äußerst zurückhaltend waren, wenn es um Jesus ging, interessieren sich jetzt für ihn. Tote, kalte Kirchen, die große Ähnlichkeit mit einem Museum hatten, beginnen sich mit Leben zu füllen. Überall in der Welt werden Menschen gerettet und mit Gottes Heiligem Geist erfüllt.

Und gleichzeitig wenden sich viele von Gott ab. Öffentlich dienen sie dem Satan. Andere nennen sich Christen, sie befassen sich aber mit okkulten Dingen, mit Wahrsagerei, Astrologie und anderen satanischen Praktiken. Ja, es ist Endzeit. Die Zeit der großen Entscheidungen.

Ich sehe zwei große Armeen über die Welt kommen – die Armee des Antichristen und die Armee Jesu Christi. Wir wissen es von der Bibel, dass der Sieg Jesus Christus gehört. Aber der Feind trifft umfangreiche Vorbereitungen für die Zeit vor dem Wiederkommen Jesu. Die Bibel sagt, dass es eine Zeit großer Leiden sein wird, in der der Antichrist über die ganze Welt herrscht – ein »guter, religiöser« Mann, Schöpfer einer Weltreligion. Und wenn die Menschen diese Religion annehmen, dann wird er sich selbst als Gott proklamieren. Die Bibel prophezeit, dass wir in jener Zeit nicht kaufen oder verkaufen können, wenn wir nicht das Zeichen des Antichristen tragen. Das heißt, dass das Weltgeld vorbereitet wird. Heute weiß man das. Wenn ich nicht früher der Bibel geglaubt hätte, so müsste ich es heute tun, denn was die Bibel voraussagt, kannst du heute in den Zeitungen lesen.

In Kalifornien kam ein Theologiestudent zu mir und sagte:

»Man sollte aufhören, vom Wiederkommen Jesu zu reden. Wissen Sie denn nicht, dass man immer wieder sagt, er komme dann und dann, und niemals ist er gekommen? Schon in der frühen Kirche stagnierte das religiöse Leben, weil die Leute auf die Wiederkunft Jesu starrten. Aber er ist nicht gekommen. Das ist dummes Gerede.«

Ich sah den jungen Mann an. Er war so gescheit, so überlegen, dass er mir leid tat.

»Trotzdem«, sagte ich, »Jesus kommt wieder, und zwar bald. Und du bist mir die Bestätigung dafür.«

»Wieso?«, blitzte er mich an.

»Nun, es steht in der Bibel. Lies es mal: im 2. Petrusbrief, drittes Kapitel. Da steht, dass in den letzten Tagen Spötter aufkommen werden, die nur ihr eigenes Vergnügen suchen, und sie sagen: ›Wie steht es mit der Verheißung seiner Wiederkunft? Schon die Menschen der frühen Kirche haben nach ihm ausgeschaut und er ist nicht gekommen.‹ Sieh, lieber Freund, du bist eines der Zeichen seiner Wiederkunft.«

Ich bin nicht ängstlich, wenn ich an die Wiederkunft Jesu denke. Nein, ich freue mich darauf. Ich weiß nicht, ob es besser ist, zu sterben und in der großen Menge der Heiligen zu sein, die mit ihm kommen werden, oder zu leben und den Ton der Posaune zu hören. Aber das weiß ich: Gott führt aus, was er sich vorgenommen hat, und so folgt ein Jahr dem anderen und die Zeit führt uns näher und näher an das große Ereignis heran. Dann wird die Erde erfüllt sein von der Herrlichkeit Gottes, wie die Wasser den Meeresboden bedecken.

Wenn die Kommunisten über die Zukunft der Welt sprechen, dann zeichnen sie immer ein Bild des Friedens, dessen Schöpfer der Kommunismus ist. Wenn ich sie dann frage: »Was wird aber, wenn du stirbst?«, dann sagen sie: »Alles hat ein Ende. Es gibt kein Leben nach diesem Leben.«

Wir wissen es von der Bibel, dass der Antichrist ein Meister der Imitation ist. Er imitiert die Verheißung des großen Friedens, ja sogar die Gaben des Geistes. Aber eines kann er nicht imitieren: Das ist der Frieden Gottes selbst, der größer ist als alle Vernunft und der das Kennzeichen des Jüngers Jesu heute schon ist.

Aber es gibt tatsächlich Gutes über die Zukunft der Welt zu sagen. Da spricht die Bibel vom Baum des Lebens, an dem die Völker gesund werden sollen. Es wird also gesunde Völker geben und es wird Heilung geben.

Ich bin so dankbar, dass wir die Bibel haben und wissen können, wie Gott unsere Zukunft geplant hat.

Je näher wir dem Weltzeitende kommen, desto stärker erfahren wir die Macht Gottes.

Auf einer Russlandreise stand ich mit einem Koffer voll russischer Bibeln vor dem Zoll. Ich stand in der Reihe der Wartenden und sah zu, wie der Zollbeamte Koffer für Koffer prüfte. Plötzlich kam mir die Angst. Was wird er tun, wenn er meine Bibeln findet? Mich nach Holland zurückschicken? Oder verhaften?

Ich schloss meine Augen, ich musste einen Augenblick allein sein, und rief: »Herr, du hast es selbst gesagt, im ersten Kapitel Jeremia steht es geschrieben, dass du über deinem Wort wachen wirst, um es auszuführen. Herr, die Bibeln in meinem Koffer sind dein Wort. Nun, Herr, bitte wache über dein Wort – meine Bibeln –, sodass ich sie deinen Kindern in Russland aushändigen kann!«

Ich weiß, dass Jeremia nicht meine Bibeln gemeint hat. Aber ich habe herausgefunden, dass es nicht nötig ist, genau zu wissen, was jedes einzelne Wort der Bibel bedeutet. Gott sieht mein Herz und er handelt, wenn ich mit ihm spreche und dabei meinen Finger auf seine Versprechungen lege – selbst wenn es dogmatisch nicht immer ganz stimmt.

Als ich damals betete und meine Augen wieder öffnete, sah ich rund um meine Koffer Lichtwesen. Engel! Es war das erste und einzige Mal in meinem Leben, dass ich sie sah, obwohl ich es oft erlebt habe, dass sie gegenwärtig waren. Aber jetzt sah ich sie, einen Augenblick lang, und dann waren sie weg. Und mit ihnen war auch meine Furcht verschwunden.

Ich bewegte mich weiter auf den Beamten zu, indem ich meinen Koffer vor mir herschob. Endlich stand ich vor ihm. »Ist das Ihr Koffer?«, fragte er.

»Ja, Herr«, antwortete ich höflich.

»Er scheint ziemlich schwer zu sein«, sagte er und hob den Koffer auf den Tisch.

»Er ist sehr schwer«, sagte ich.

Er lächelte. »Sie sind die Letzte. Nun habe ich Zeit und kann Ihnen helfen. Kommen Sie mit, ich bringe Sie zu Ihrem Taxi.«

Mein Herz jubelte lauter Hallelujas, als ich ihm durch das Zollgebäude folgte und er mir in das Taxi half, das mich zum Hotel bringen sollte.

Deshalb habe ich keine Angst – jetzt, wo wir uns mit so großen Schritten der Zeit nähern, in der der Antichrist seine Weltherrschaft antreten wird. Ich stütze mich auf das große Versprechen der bleibenden Gegenwart Jesu, das größer und wirksamer ist als alles, was der Satan mir antun könnte.

Der Apostel Petrus sagt: »Weil ihr eine solche Hoffnung für euch habt, so befleißigt euch, ohne Flecken und tadellos in seinem Licht zu erscheinen, in Frieden mit Gott und Menschen.«

Wer sich an Jesus Christus, den Herrn, ausliefert, der darf es nicht bei einer Teilauslieferung bewenden lassen. Er muss sich ganz hingeben. Nur wenn wir bekennen und uns von unseren Sünden wegwenden – in seiner Kraft natürlich –, dann erfüllt er uns mit seinem Heiligen Geist, und die Frucht des Heiligen Geistes bereitet uns zu für Gott, und Gottes Liebe bereitet uns zu für den Menschen. Und nun können wir vergeben. Wir können sogar lieben – unsere Feinde lieben.

Ja, Jesus selbst macht uns bereit für sein Kommen!

33
»Weißt du noch?«

… der Geist der Herrlichkeit …
1. Petrus 4,14

Inzwischen waren wir auf dem Kongress in Lausanne. Aus 150 Ländern waren etwa 4000 Leute zusammengekommen, die im Königreich Gottes arbeiten.

Ich lief dort durch die riesige Halle im *Palace Beaulieu,* in dem alle Versammlungen stattfanden. Da kamen von allen Seiten Leute auf mich zu, Leute mit schwarzer, gelber, brauner und weißer Hautfarbe.

»Mom, da sehen wir uns mal wieder, weißt du noch …?« Es war wie ein schöner Traum, ja, ein kleiner Vorgeschmack des Himmels.

Ich sah den Bruder, der gerade aus dem Gefängnis gekommen war, und die Missionarin aus dem afrikanischen Staat Burundi, die bei *Radio Cordae* arbeitet. Dort hatte ich gesprochen, als die Revolution im Gang und die Angst vor Verfolgung groß war. Mein Text war damals 1. Petrus 4,12-14 gewesen. »Wie geht es jetzt bei euch?«, fragte ich.

»Die Radiostation arbeitet wieder. Wir loben den Herrn, dass wir die Erlaubnis bekommen haben. Lange Zeit war alles verschlossen.«

»Und wie geht es meinen Freunden dort?«

»Sie sind alle tot. Ermordet. Jetzt lernen junge Christen die Rundfunkarbeit. Sie wissen, dass das auch für sie eine große Gefahr ist, aber sie sind bereit, für Jesus zu leiden und zu sterben.«

Einen Augenblick vergaß ich, dass ich im *Palace Beaulieu* stand. Ich sah nicht mehr die Hunderte von Menschen um mich herum mit Kaffeetassen in der Hand. Ich war wieder in Usumbura, in der Kirche, und sah sie alle, die jungen und die alten Freunde, die mit Energie, Mut und Liebe daran arbeiteten, dass viele die Botschaft von Jesus, das Evangelium, durch das Radio hören konnten.

Alle tot. Ermordet.

Ich sah in den Augen dieser Frau, die es mir erzählte, keine Trauer. Konnte sie dieses Geschehen von Gottes Seite aus sehen? Als sie mein trauriges Gesicht sah, legte sie ihre Hand auf meinen Arm und sagte: »Promoted ahead of us.« (Vor uns befördert.)

Es lag eine stille Freude auf ihrem Gesicht und ich hörte mich wieder in jener Kirche den Text verlesen: »Denn der Geist der Herrlichkeit und Gottes ruht auf euch« (1. Petrus 4,14). Ich dachte an das, was der Heilige Geist uns gab, damals, als ich über die Freude des Leidens für Christus, über die Freude des Martyriums, sprach.

Mir war, als könnten wir vom Himmel aus sehen, was geschieht, wenn Kinder Gottes ihr Leben geben, wenn sie Jesus nachfolgen, das Kreuz auf sich nehmen und für ihn leiden. Damals fing irgendeiner in der Kirche zu singen an. Es war ein Lied vom Himmel und als liefe der Gedanke an das Kommende durch die ganze Gemeinde, sangen sie es alle: »There is a land, that is fairer than day …«

Jetzt sind sie alle dort. Musste ich darüber traurig sein?

Ein Inder kam zu mir. Wir setzten uns in eine Ecke des großen Raumes. Wir hatten in Kerala in vielen Konferenzen zusammengearbeitet. Wir hatten gemeinsam lange Reisen durch den Dschungel unternommen und dann mit vielen Tausenden Versammlung gehalten. Wir saßen auf dem Boden unter einem Blätterdach, sangen und sprachen noch nach der Predigt miteinander, lange, nie lange genug: am Vormittag, am Nachmittag, am Abend. Eine ganze Woche lang. Ja, dort hat man Zeit, die Bibel zu studieren, zusammen auf das zu hören, was der Heilige Geist uns zu sagen hat.

Mein Freund sah krank aus. Sie haben jetzt Rundfunkarbeit, eine Druckerei, und es kommt immer noch mehr Arbeit dazu. »Der Herr segnet uns ganz gewaltig«, sagte er. Als ich seinen Arm anrührte, fühlte ich, dass er Fieber hatte.

Sein ganzer Körper war heiß. War das nur der Klimawechsel von Indien zur Schweiz? »Es gibt viel Not in Indien«, fuhr er fort. »Aber der Herr arbeitet. Viele kommen zur Hingabe an Jesus Christus. Bitte, Mutter Corrie, komm wieder nach Indien. Indien liebt dich.«

»Ich komme aus Bangladesch!«, hörte ich jemanden sagen.

Mein Herz fing an schneller zu klopfen. Bangladesch! Wie verzweifelt hatten wir von den Problemen dort gehört, die schier unlösbar schienen. Die vielen Vergewaltigungen von Frauen, die dann Kinder gebären, die die Männer nicht akzeptieren wollten. Wie hatten wir gebetet, als wir hörten, wie dieses Land leidet.

Aber der Mann, der das alles miterlebt hatte, war ganz fröhlich. Er setzte sich zu mir und sagte: »Ich muss dir etwas erzählen. Einige von uns hatten dein Buch gelesen. Das Buch ging von einer Hand in die andere. Du kannst dir nicht vorstellen, wie Gott uns dadurch gesegnet hat. Wir haben gelesen, wie du erfahren hast, was es bedeutet, mit Jesus durch große Not und große Leiden zu gehen. Dein Buch hat uns auch gezeigt, dass man vergeben kann und muss. Nicht in eigener Kraft, aber durch den Heiligen Geist. Danke, Mutter Corrie, für das, was du für uns getan hast.«

Da sah ich eine Antwort für mich selbst.

»Bitte, komm wieder, komm in unser Land!« Das sagten Brüder und Schwestern aus Indien, Japan, Borneo, Deutschland und vielen anderen Ländern. »Wir brauchen dich und deine Botschaft. Unser Volk liebt dich und wir wissen, dass du uns liebst.«

Ein großes Verlangen kam mich an, alle diese Einladungen einfach anzunehmen. Meine Antwort war immer: »Ich gehe dahin, wohin der Herr mich ruft.« Dann fühlte ich plötzlich meinen Körper. Die vielen Interviews, die ich in Lausanne hatte, die vielen Begegnungen und Versammlungen mit den Tausenden – das war fast zu viel für mein altes Herz. Ich fühlte mich 82 Jahre alt, und ich bin 82 Jahre alt. Nein, ich kann nicht mehr so viel reisen. Aber die Not, das Leiden, der geistliche Hunger – und ich habe eine Botschaft! Und immer wieder las und hörte ich auf diesem Kongress: »Lass die Welt seine Stimme hören!« Hier waren offene Türen und offene Herzen. Die Wege waren geebnet. Muss ich nicht …?

Aber für den Herrn gibt es keine Probleme, auch nicht im Blick auf mein Leben. Er gab mir die Bücher und die gehen weiter und weiter. Er gab den Film und er wird viele erreichen.

Ich bin schwach und alt. Aber der Herr ist nicht schwach. Er baut sein Reich. Wir sind nur seine Mitarbeiter.

Hingabe und Gehorsam, die Bereitschaft, da zu arbeiten, wo er es für notwendig hält – das will er von uns. Danach fragt er. Da steht man auf Siegesboden und der Herr gebraucht uns, macht uns zu Kanälen für die Ströme lebendigen Wassers, wo wir auch arbeiten. Halleluja!

34
Kleines Zeugnis für Christus

Aber Jesus sagte: »Lasst die Kinder zu mir kommen. Haltet sie nicht zurück! Denn das Himmelreich gehört ihnen.«
Matthäus 19,4

Tante Jans war noch keine vierzig, als sie ihren Mann verlor. Er war ein bekannter Pfarrer in Rotterdam und sie hatte ihm in der Gemeindearbeit mit großer Freude geholfen. Sie hatten keine Kinder, so war es ausgemachte Sache, dass Tante Jans nach dem Tode ihres Mannes zu uns zog, in die *Beje*.

Sie war sehr begabt: Sie dichtete, schrieb Bücher und organisierte – ja, sie war eine ganz ausgezeichnete Organisatorin. Denn kaum war sie zu uns in die *Beje* gezogen, gründete sie einen Mädchenklub. Sie leitete die Klubstunden und gab ein monatlich erscheinendes Mädchenblatt heraus.

Das war lange Zeit vor dem Ersten Weltkrieg. Damals waren Soldaten in Haarlem stationiert und als Tante Jans die vielen Uniformierten in den Straßen der Stadt sah, beschloss sie, auch für sie einen Klub einzurichten. Sie besuchte ein paar reiche Leute und hatte in kurzer Zeit genug Geld, um ein Soldatenheim zu bauen. Dorthin ging sie dann zweimal in der Woche, um Bibelstunden zu halten.

Tante Jans lud die Soldaten auch in unser Haus ein und weil sie allein und das Straßenleben leid waren, nahmen viele ihre Einladung an. So saßen fast an jedem Abend Soldaten bei uns am Tisch.

Ein Unteroffizier war ein großer Musiker. Als Tante Jans das herausbekommen hatte, bat sie ihn, mir und meiner Schwester Nolly Harmoniumunterricht zu geben – auf unserem alten Instrument! Damals ging ich häufig mit Tante Jans in das Soldatenheim und ich sollte sie dort auf dem Harmonium begleiten können.

An einem Abend hatte sich eine große Gruppe junger Männer zum Bibelstudium im Soldatenheim eingefunden. Bevor ich die Lieder auf dem Instrument begleitete – ich hatte inzwischen schon einiges gelernt –, sollte ich selbst ein Lied singen. Es war ein Lied vom verlorenen Schaf, das vom Hirten gefunden wird. Ich sang es langsam und ausdrucksvoll und betonte mit kindlichem Eifer die letzte Zeile:

»Und das Schaf, das verirrte, war ich.«

Als ich fertig war, angelte mich ein großer, blonder Offizier mit seinen langen Armen vom Stuhl und setzte mich auf seine Knie. Er lachte und sagte: »Erzähl mir mal, meine kleine Dame, wie das war, als du verloren gingst!«

Auch die anderen Soldaten lachten über dieses kleine Mädchen, das sich als verlorenes Schaf vorgestellt hatte. Mit hochrotem Kopf musste ich bekennen, dass diese Zeile zum Lied gehöre, und erzählte ihm, dass ich vor Jahren schon mein Herz Jesus Christus geschenkt hätte und dass ich mich überhaupt nicht an eine Zeit erinnern könnte, in der ich nicht zu ihm gehört hätte.

Da wurde der Offizier ernst, seine Augen füllten sich mit Tränen.

»Ach«, sagte er, »du hast es gut, Kleine. Es ist wirklich viel besser, als kleines Kind zu Jesus zu kommen. Ich muss ihn immer noch suchen, den guten Hirten.« Dann schloss er seine Augen und sagte sanft: »Aber heute werde ich aufhören, ihn zu suchen. Heute will ich mich von ihm finden lassen.«

An diesem Abend erfüllte eine tiefe Freude den Kreis der jungen Leute.

Es war dies das erste Mal in meinem Leben, dass mich der Herr dazu gebrauchte, einen Menschen zu Christus zu führen. Aber das haben nicht meine Worte getan. Der Heilige Geist tat es und das ist das Geheimnis, das all die Jahre meines Lebens mit mir gegangen ist, als ich durch die Welt zog als eine Reisende in Sachen Gottes.

Die Lumpenpredigt

Auszug

Es ist so herrlich, dass in dieser Zeit viele Leute über die Fülle des Heiligen Geistes sprechen. 1. Korinther 12-14 wird jetzt viel studiert und das ist gut. Wenn man für Jesus und für alles, was er uns geben will, geöffnet ist und verschlossen für die Welt und was die Welt uns geben will, dann können wir große Dinge erfahren. Gott sagt durch den Propheten Joel: »In den letzten Tagen werde ich meinen Geist geben auf alle. Die Jungen werden Gesichte sehen und die Alten werden Träume träumen.«

Ich glaube, wir sind jetzt in dieser Zeit. Aber nur dann sind wir in der Lage, die Fülle des Heiligen Geistes zu empfangen, wenn wir uns dem Herrn völlig ausliefern. Und die Tür für die völlige Hingabe ist Jesus. Wir können nicht bei ihm sein, mit ihm leben, seinen Willen erkennen und tun, wenn wir uns ihm nicht völlig ausgeliefert haben.

In einer Kirche, die Billy Graham besuchte, hatte man kurz vorher den Diakon gefeuert, weil er betrunken in die Kirche gekommen war.

»Das ist gut«, sagte Billy Graham, als man ihm das erzählte. »Aber was tun Sie mit einem Diakon, der nicht vom Heiligen Geist erfüllt ist? Entlassen Sie den auch?«

»Wieso – nein …« Danach hatten sie noch nie gefragt. Sie hatten nur den ersten Teil des Satzes aus der Bibel befolgt:

»Saufet euch nicht voll Wein …« und den zweiten übersehen: »… sondern werdet voll Geistes!«

Ja, das ist herrlich, dass jedermann, der ein Kind Gottes ist, voll des Heiligen Geistes sein kann.

Ich habe hier eine Taschenlampe. Mit dieser Taschenlampe reise ich durch die Welt. Aber sie gibt kein Licht. Gerade wie ein Kind Gottes, das ein langes Gesicht macht.

Was ist mit dir los?

Oh, sagst du, ich habe sehr große Probleme.

Aber darum musst du doch kein langes Gesicht machen! Arme, finstere Welt, wenn die Kinder des Lichts Lichtsperre haben!

Aber es sind nicht deine Umstände, die dein Gesicht lang und deine Augen finster machen. Ich sah Betsie, meine Schwester, im KZ verhungern, aber bis zum letzten Augenblick strahlte aus ihrem Gesicht die Freude des Herrn. Sie war erfüllt von dem Heiligen Geist und dann sind es nicht die Umstände, sondern unser Verhalten den Umständen gegenüber, die es in uns hell oder dunkel machen. Nur wenn es in meinem Herzen Sünde gibt, die ich nicht ausliefern will, dann habe ich ein langes Gesicht.

Hier in meiner Taschenlampe ist eine Batterie. Eigentlich müssten es zwei sein, aber für die zweite Batterie ist kein Platz, denn es stecken Lumpen in der Taschenlampe.

Nun ist die erste Batterie das, was mit dir geschehen ist, oder – wenn es noch nicht geschehen ist, – hoffentlich heute Abend geschieht: dein Ja zu Jesus. Es ist ein so großes Geschehen, dass es die Bibel so ausdrückt: Du kommst von der Finsternis ins Licht, von der Macht des Teufels unter die Macht Gottes. Und weil wir in den Augen Gottes sehr wichtig sind, darum freuen sich die Engel, wenn sich ein Sünder bekehrt.

Nun kann es sein, dass du sagst: Das ist sehr gut für gute Christen, aber ich bin so sündig. Nun, das Herrliche an diesem Buch ist, dass seine Verheißungen für Sünder sind und dass es uns sagt, was wir mit unseren Sünden machen sollen.

Aber was haben sie in einer Taschenlampe zu suchen!

Hier sind sie: Dieser Lumpen hier ist Ungehorsam. Der ist Unglaube. Der ist Ungeduld. Dieser ist Geiz, dieser Kritik, ein nicht eingelöstes Gelübde. Du musst dem Allerhöchsten deine Gelübde bezahlen, sagt der Psalmist. Dieser Lumpen hier ist Rechthaberei, dieser Minderwertigkeitskomplex. Der ist Stolz, der Geltungsbedürfnis.

Nun, was kann ich mit all diesen Lumpen tun? Ich kann sie wegwerfen.

Und was kannst du mit deinem Herzen tun, aus dem du sie alle ausgeräumt hast? Du kannst es durchforschen, ob es noch Sünden gibt. Das hat der Teufel gern, wenn wir immer auf unsere Sünden schauen. Aber das ist nicht die Blickrichtung, die uns hilft. Es ist viel gesünder, nach oben zu schauen als nach unten. Wir müssen auf den Herrn schauen und beten: Erforsche du mich, o Herr. Und dann wird der Herr dir sagen, ob es noch Lumpen in deinem Herzen gibt.

Aber da ist ja noch mehr! Das hier ist die grausame Sünde der Lieblosigkeit. Dieser Lumpen deine Unwilligkeit zum Gebet. Der Lumpen heißt Nicht-vergeben-Können. Das war in meinem Leben eine große Sünde.

Als ich Betsie, meine Schwester, im KZ in die Sanitätsbaracke brachte, sah ich, dass eine Krankenschwester grausam zu ihr war. Ich begann diese Krankenschwester zu hassen. Am selben Abend ist meine Schwester gestorben.

Ich dachte, ich hätte den Hass auf diese Frau längst überwunden, als ich ihr nach zehn Jahren in einer Versammlung begegnete. Ich sah dort eine Frau, die mich nicht ansehen wollte, und fragte meine Gastgeberin:

»Wer ist die Frau da?«

»Ach«, sagte sie. »Kennst du sie nicht? Damals in Ravensbrück war sie Krankenschwester.«

Es war die Frau, die meine sterbende Schwester geschlagen hatte. Im selben Augenblick fühlte ich den Hass in meinem Herzen aufsteigen. Er brannte wie ein wildes Feuer in mir. Da bin ich doch sehr, sehr beschämt gewesen. Zehn Jahre lang hatte ich in meinem Unterbewusstsein diesen Hass behalten. Ich wusste in all diesen Jahren, was Jesus mit meinen Sünden getan hatte. Es steht in der Bibel: Wenn wir unsere Sünden bekennen, wirft er sie in die Tiefe des Meeres, und ich denke, dort befestigt er an einer Boje ein Schild: »Fischen verboten!« Das tut Jesus. Und was tat ich? Zehn Jahre lang hatte ich in meinem Unterbewusstsein die Sünde dieser Krankenschwester festgehalten!

Ich bin so froh, dass ich weiß, was ich mit meinen Sünden, den Lumpen, zu tun habe. Ich sagte: »Vater, vergib mir in Jesu Namen meinen Hass.« Und da geschah, was immer geschieht, wenn wir in Jesu Namen um Vergebung der Sünden bitten: Zuerst hat mir der Herr vergeben, dann hat er mein Herz durch sein Blut gereinigt (1. Johannes 1,7.9). Und als er mich gereinigt hatte, war wieder mehr Raum für den Heiligen Geist da, und die Frucht des Geistes war Liebe für diese Krankenschwester. Nach der Versammlung bin ich zu ihr gegangen und habe ihr gezeigt, wie sie ein Kind Gottes werden kann. Da hat Gott mich dazu gebraucht, sie zum Herrn zu bringen.

Was für ein großes Wunder war das!

Weißt du, das ist das Herrliche: Wir können unsere Sünden zu dem Herrn bringen und dann macht er aus Corrie ten Boom einen Kanal, ein Fenster, ein reines Fenster, durch das sein Licht in das Herz dieser Krankenschwester scheinen konnte.

Wirst du es auch tun? Willst du reinen Tisch machen und dem Herrn heute Abend deine Sünden bekennen? Wenn du das getan hast, wenn der Raum, in dem die Lumpen gelegen haben, frei ist und gereinigt wurde, dann wird der Herr dir die Fülle des Heiligen Geistes schenken. Und das ist die zweite Batterie.

Weißt du, als du die erste Entscheidung für Jesus machtest, ist der Heilige Geist in dein Herz gekommen, und er hat dir mit deinem Geist gezeigt, dass du ein Kind Gottes bist.

Aber voll des Heiligen Geistes sein, das ist mehr. Es ist wie ein Haus besitzen und darin wohnen. Wenn wir die Fülle des Heiligen Geistes haben, dann sind wir das Licht der Welt, denn die Frucht des Geistes ist Liebe, Freude, Frieden, Geduld, Freundlichkeit, Gütigkeit, Glaube, Sanftmut, Keuschheit. Dann bist du ein Licht wie diese Taschenlampe.

Ich will sie jetzt anmachen.

Aber sie tut es nicht!

Ich denke, ich habe einen kleinen Lumpen vergessen. Es kann sein, dass eine ganz kleine, anständige Sünde in unserem Herzen ist. Wir sind hier alle sehr anständige Sünder. Vielleicht nur ein wenig Selbstmitleid, ein wenig Laune, ein wenig Richtgeist. Aber weißt du, wenn wir Kinder Gottes nicht richtig reinen Tisch machen, auch mit unseren anständigen Sünden, können wir kein Kind des Lichts sein.

Ja, ich finde noch einen Lumpen.

Aber das ist kein Lumpen, das ist Papier!

Siehst du, was es ist? Ein Fünfzigmarkschein!

Es ist nichts los mit diesem Geld. Es ist kein Lumpen. Es ist keine Sünde. Das Geld war nur am verkehrten Platz. Weißt du, Geld muss nicht in einer Taschenlampe sein, es muss in meinem Portemonnaie sein, und wenn man zu viel Geld hat oder zu wenig, dann versucht der Teufel, es in unser Herz zu bringen. Das Zuviel und das Zuwenig. Aber unser Herz muss erfüllt sein von dem Heiligen Geist.

Herr Jesus, willst du uns zeigen, ob es noch einen Lumpen in unserem Herzen gibt, eine Sünde, die wir nicht zu dir gebracht haben? Sind es Hemmungen? Ist es Menschenfurcht? Haben wir dem Sorgengeist Raum gegeben? Unreinheit in Gedanken oder Taten? Ist es Hinter-dem-Rücken-Reden? Untreue in der Ehe? Erforsche uns, Herr, und wir loben dich und danken dir, dass dann, wenn wir unsere Sünden bekennen, du gerecht bist und uns alle unsere Sünden vergibst. Danke, Jesus, dass du die Tür zum Leben mit dir bist, und nimm uns an, wenn wir jetzt unsere schwache Hand auf deine starke Hand legen. Hand, die nie lässt, halte uns fest!

Halleluja! Amen!